熊本城のかたち

石垣から天守閣まで

熊本日日新聞社編集局［編］

●弦書房

装丁＝毛利一枝

〔表紙〕
二の丸から見た本丸一帯
（左から小天守、宇土櫓、大天守）
〔扉〕
地蔵櫓門跡から見上げた天守閣

目次

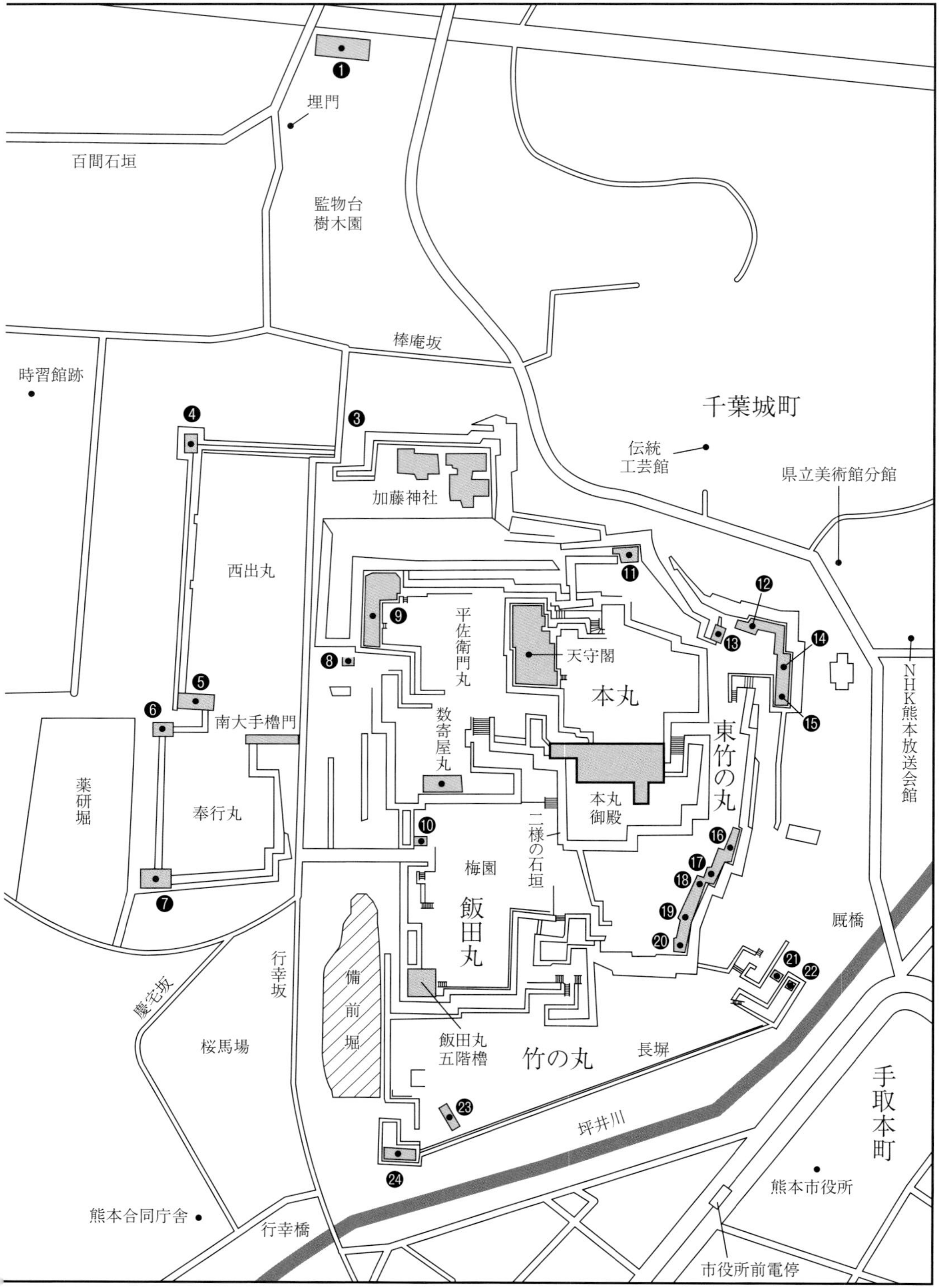

埋門
百間石垣
監物台
樹木園
棒庵坂
時習館跡
千葉城町
伝統
工芸館
県立美術館分館
加藤神社
西出丸
平佐衛門丸
天守閣
本丸
東竹の丸
NHK熊本放送会館
数寄屋丸
南大手櫓門
薬研堀
奉行丸
本丸
御殿
二様の石垣
梅園
飯田丸
厩橋
行幸坂
慶宅坂
備前堀
桜馬場
飯田丸
五階櫓
竹の丸
長塀
坪井川
手取本町
熊本市役所
熊本合同庁舎
行幸橋
市役所前電停

熊本城とその周辺平面図

❶監物櫓
❷二の丸御門跡
❸北大手櫓門跡
❹戌亥櫓
❺西大手櫓門
❻元太鼓櫓
❼未申櫓
❽頬当御門
❾宇土櫓
❿西櫓門
⓫平櫓
⓬五間櫓
⓭不開門
⓮北十八間櫓
⓯東十八間櫓
⓰源之進櫓
⓱四間櫓
⓲十四間櫓
⓳七間櫓
⓴田子櫓
㉑須戸口門
㉒平御櫓
㉓櫨方門
㉔馬具櫓

熊本城データ

城郭の周囲　約5.3キロ
城郭の面積　約98万平方メートル
櫓　49
櫓門　18
その他の門　29
石垣の総延長　約8.7キロ
大天守の高さ（含石垣）　約45メートル
小天守の高さ（含石垣）　約32メートル
大小天守の瓦数　約８万枚
国指定重要文化財　13件

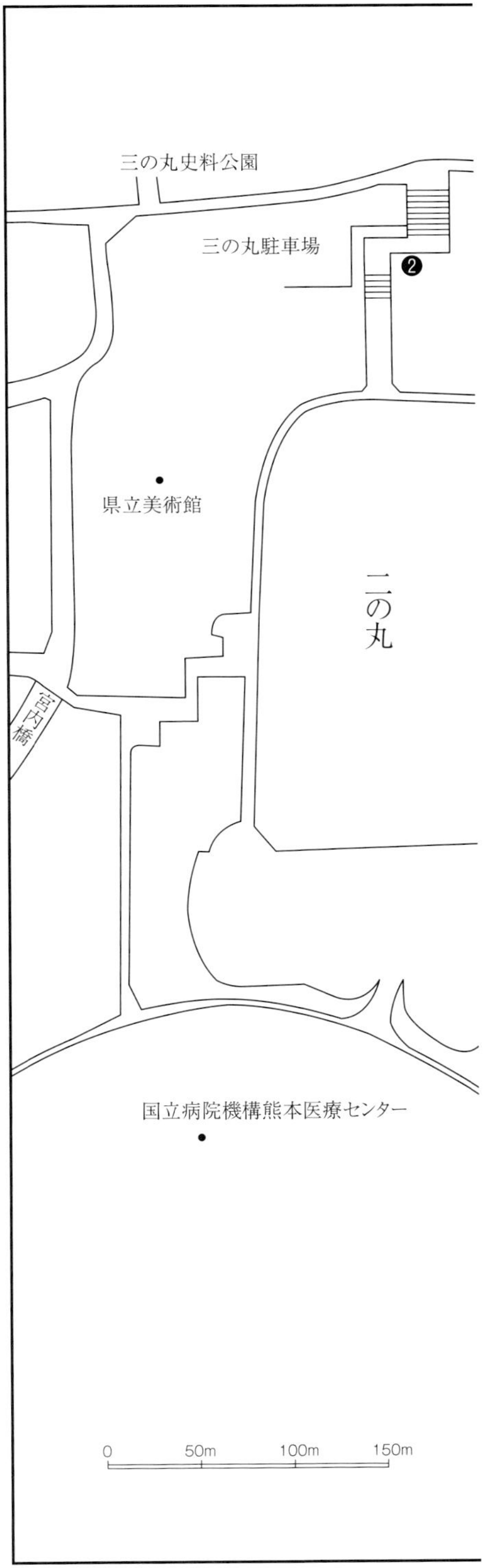

はじめに

個人的なことですが、日本国内を旅した時に必ずといっていいほど頭をよぎるのは、「ここの石高はどのくらいだろうか」ということです。

薩摩七十七万石、佐賀・鍋島三十五万七千石……。基準になるのは肥後五十四万石です。肥後という大藩意識の名残かもしれません。何を今さら、と思う方もいらっしゃることでしょう。しかし、これが案外と便利なのです。

例えば長野県。善光寺というお寺のほかは小藩が多かった信濃という国は、今もその土地土地の色合いが随分と違うものです。真田十勇士でなじみの深い上田藩は五万石。その城趾と街のありようは、いかにも五万石の城下町の風情です。その土地に足を運んで、初めて胸にすとんと落ちる風景があります。幕藩体制の根っことでも呼べる部分が今なお、各地で脈々と生きていることの証だと思います。

こんな「石高」などということを日常の中で想起するのも、熊本という土地柄の反映だろうと思います。そしてこんな熊本の土地柄を象徴するのが、熊本城です。

加藤清正が築城し、その後を継いだ細川氏が代々の居城とした熊本城。一八七七（明治十）年の西南戦争で焼失、大小の天守閣は一九六〇（昭和三十五）年に再建されたものですが、熊本城が今も私たちの暮らしの起点となっているのは、例えば熊本県内を、お城から北部地域を城北地方、南部地域を城南地方と分けて呼んでいることからも分かります。

あるシンポジウムで同席した熊本市出身の映画監督・行定勲さんから、「熊本は阿蘇と熊本城に頼る発想をいいかげんにやめたらどうですか」と冷やかされたことがあります。なるほど、とも思います。阿蘇と熊本城は、いわば熊本人の〝定食〟。生活の中に溶け込んでいる、というより、生活の風景そのものでもあります。

その熊本城が二〇〇七（平成十九）年に築城四百年を迎えました。お城一帯の整備も進み、官民挙げてさまざまなイベントが準備されましたが、ある時、本社写真部の内田秀夫記者から「熊本城をモノクロで撮りたい」という相談を受けました。新聞写真もカラー全盛です。そんな中であえて、「モノクロ」に挑戦したいというのです。内田記者は、本紙の写真連載「またあした～筋ジストロフィーと生きる」で、一九九七（平成九）年の日本新聞協会賞を受賞した記者です。写真には定評があります。しかし、モノクロでどんな熊本城を撮るつもりなのか。

二〇〇七年一月四日から本紙夕刊で始まった「モノクロームの熊本城」は毎月一シリーズの十二部、二〇〇七年十二月十五日まで八十三回続きました。幸い、不安は杞憂に終わり、読者からも好評でした。何より、モノクロ写真がカラーより雄弁な時があることをあらためて教えてもらったように思います。

一冊の本になって、モノクロームの熊本城はまた新たな命をもらったように感じます。

四百年を過ぎ熊本城は新しい歴史を刻み始めました。行定さんにはまた怒られそうですが、やはり、熊本には熊本城がなくては始まりません。

熊本日日新聞社編集局長　高峰　武

二〇〇八年二月

石垣

巨大城の全貌を今に伝える

熊本城郭の周囲は約五・三キロに及ぶ。長大なその外周を含め、「武者返し」と呼ばれる美しい弧を描く石垣が、城内に幾重にも連なっている。その総延長は約八・七キロ。城内の建物の多くは西南戦争で焼失したり、明治維新後に取り壊されていて数えるほどしか現存していないが、石垣は多くが往時の姿をとどめている。

とりわけ高石垣の壮大さは、思わず見とれてしまうほどだ。宇土櫓《やぐら》下など高さ二〇メートルを超える場所では、当時の技術力の高さを実感させられる。

熊本城の石垣は、加藤清正が築城した時代のものから、細川氏入城後に造られたものまで、構築時期によりいくつかの工法のものが混在している。最も比較しやすいのが、飯田丸にある「二様《にょう》の石垣」。清正時代の緩やかな角度で立ち上がる石垣に、細川氏が増築した急こう配の石垣が重なっている。このほかにも、石垣を継ぎ足したり、改修した場所があり、城内散策時に目を凝らすと気付くことがある。

熊本城の石垣は「打込接《うちこみはぎ》」と呼ばれる積み方が特色の一つ。自然石のままではなく、同じくらいの大きさに割り、接合面を粗く加工してある。また、石垣造りの工法が進化していく過程と重なったこともあり、建造時期によって積み方にも違いがある。

石垣の構築には、清正が近江の国から連れてきた石工集団「穴太衆《あのう》」が、特殊技術を駆使して活躍した。そのため「穴太積《あのう》」と呼ばれることもある。また、同時期に清正が全国各地の築城にかかわったことから「清正流」とも名付けられている。最下部の傾斜は緩やかで、中央付近から急に傾斜が大きくなっていき、頂上付近は垂直に近くなる。法面が大きな弧を描くのが特徴だ。

　石垣造りは、穴太積から徐々に「算木積《さんぎ》」に変化していく。石垣の角部分の石の積み方に大きな違いがある。算木は算盤《そろばん》以前に中国から伝来した棒状の計算用具。石垣の角に、直方体の隅角石を一段ごとに向きを交互に代えて積むが、隅角石が算木に似ていることから、算木積と呼ばれるようになったという。穴太積に比べると、最下部から傾斜が急で、法面も直線的だ。

　見どころを何カ所か紹介したい。

　竹の丸から飯田丸への通路は、複雑に入り組んだ石垣が続く。今でこそ石垣だけが両脇を固めているが、明治以前はいくつもの櫓や門が並び、容易に先へと進むことはできなかった。五階櫓跡は熊本城では数少ない、地形を反映していない独立した石垣。他の石垣と連続していないことから「独立櫓」ともいう。飯田丸五階櫓下の石垣は段差が付いているが、以前は要人櫓《ようにん》が建っていた。ここでも石垣を増築した跡がある。

　城の北東側、東竹の丸の櫓群の下には、高さ一〇メートル以上の高石垣がそびえる。茶臼山に造られた熊本城では、石垣の多くは地形に沿った形で設けられている。自然の地形を活かし、さらに高石垣で防御を図った清正の意図がうかがえる。石垣下は広場となっていて、春には花見客でにぎわうが、ふだんは静かなたたずまい。石垣と向き合いながらゆっくりと時間を過ごすにはうってつけだ。

　石垣を丹念に見て回ることで、この巨大な城の概要を知ることができる。地形を巧みに利用した清正の優れた築城技術も伝わってくる。いくつもの櫓や門がひしめきあっていた往時の熊本城から比べると、復元が進んでいるとはいえ、その壮大さは想像することすら難しい。石垣だけがその全貌を伝えている。石垣に沿って城内を巡ることで、本来の城の姿が垣間見えてくる。

3 二様の石垣

〈12頁〉 1 小広間三階櫓下の石垣。右側が二様の石垣

〈13頁〉 2 二様の石垣

飯田丸の梅園東側に二様の石垣がある。二様の石垣は名前通り、同じ場所に違う工法で作られた反りの違う二つの石垣。加藤清正が築城の際に作った古い石垣に、約三〇年後細川氏が継ぎ足した。石垣の上には小広間三階櫓があった。清正時代の石垣は下側のこう配が緩やかで、途中から急にきつくなっていく。細川時代は算木積みと呼ばれる工法が用いられ、より直線的なこう配となっている。当時の石垣作りの進化を見ることができる。

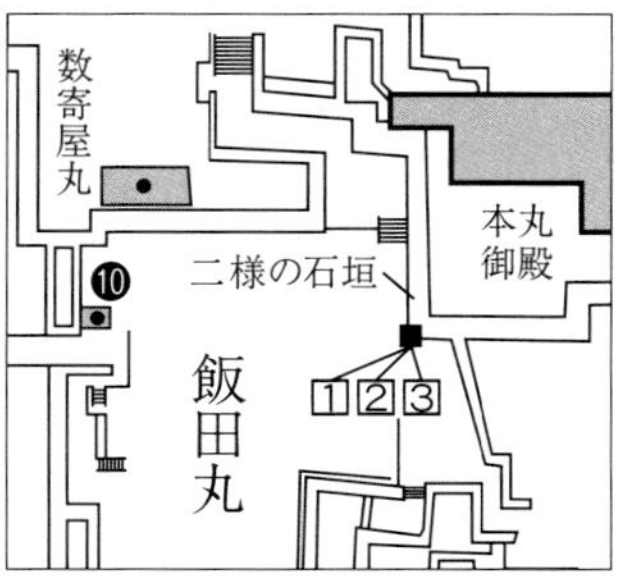

■は掲載写真の撮影地点　❿西櫓門

4 地図石

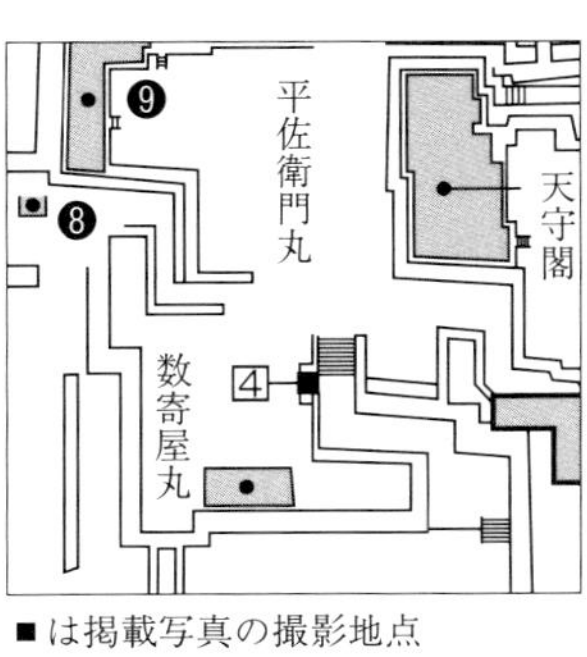

❽頬当御門
❾宇土櫓

■は掲載写真の撮影地点

頬《ほお》当《あて》御門から天守閣方面へ。右、左と二度、直角に曲がると、右手に一九八九（平成元）年に復元された数寄屋丸二階御広間が見える。飯田丸からの上り坂と数寄屋丸を結ぶ一角に、踊り場のような空間がある。下には切石を組み合わせた、地図石と呼ばれる石組み。城内で唯一、表面が平らに整形された石垣でもある。

なぜこのような凝った細工を施したのかには、諸説がある。日本地図や城内図を表したとする説から、地図石の名で呼ばれるようになったらしい。江戸中期の絵図には「御待合口」と記されている。

5 二様の石垣と数奇屋丸

飯田丸と東竹の丸の間にある石垣から北西を眺めると、二様の石垣と数寄屋丸二階御広間が並んで見える。

数寄屋丸二階櫓は、名前の通り、能や茶の湯、歌会などを開いた場所。主に接客用に使われたらしい。明治に入ってすぐに撤去されたが、一九八九（平成元）年、熊本市制一〇〇年を記念して復元された。

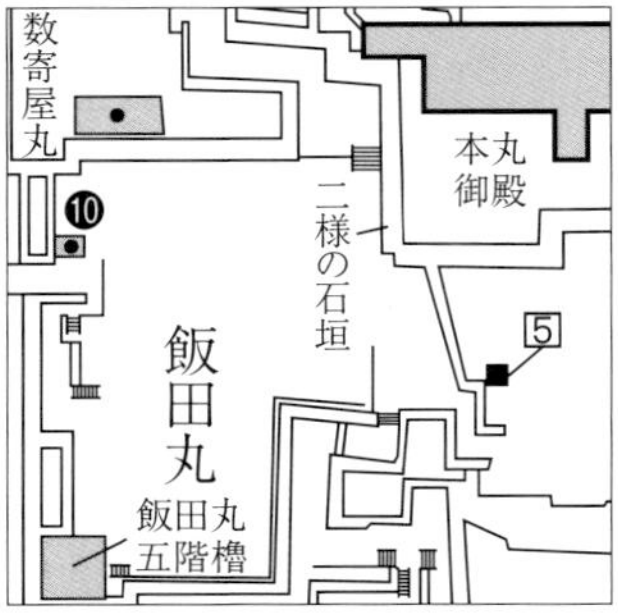

⑩西櫓門

■は掲載写真の撮影地点

6 要《よう》人《にん》櫓跡

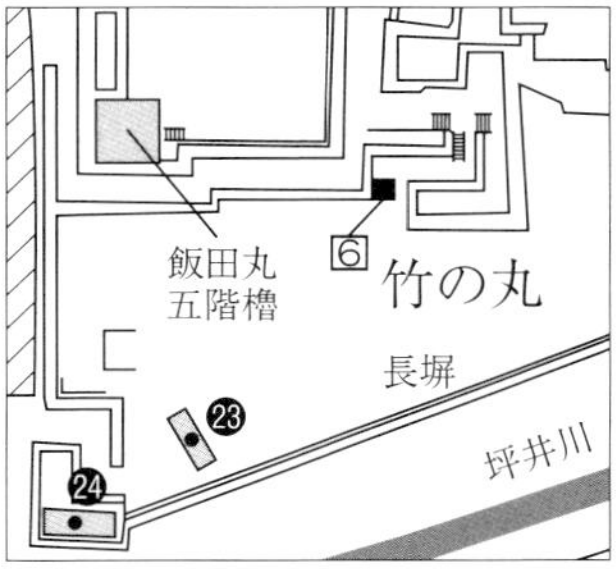

㉓櫨方門
㉔馬具櫓

■は掲載写真の撮影地点

櫨方《はぜかた》門をくぐった一帯が竹の丸。ここから一段上の飯田丸へは、高低差があることもあり、何度も直角に折れ曲がった通路を上る。上り口には元札《もとふだ》櫓門があった。門跡の石垣上から飯田丸五階櫓方面を見ると、石垣が二段になっているのが分かる。下段には要人櫓が東西に延びていたが、今はない。下段の石垣をよく見ると、建て増した跡がある。隅石の積み方など工法の違いなどもうかがえ、興味深い。

7 元札櫓門跡

8 竹の丸から飯田丸へ

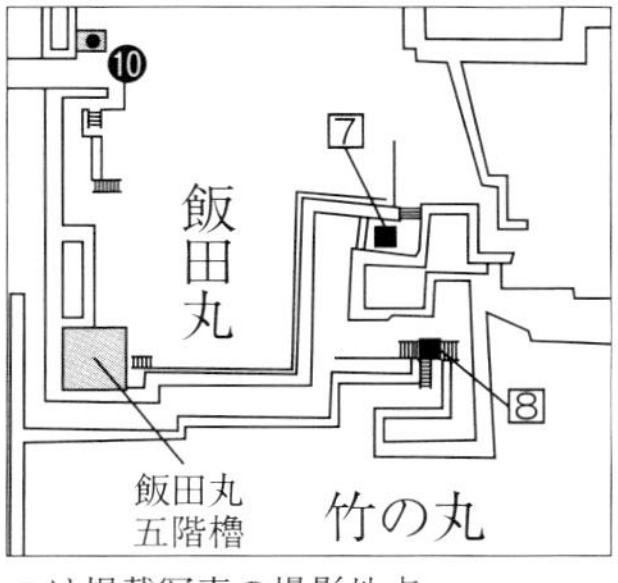

10西櫓門

■は掲載写真の撮影地点

⑨ 竹の丸西の桝形

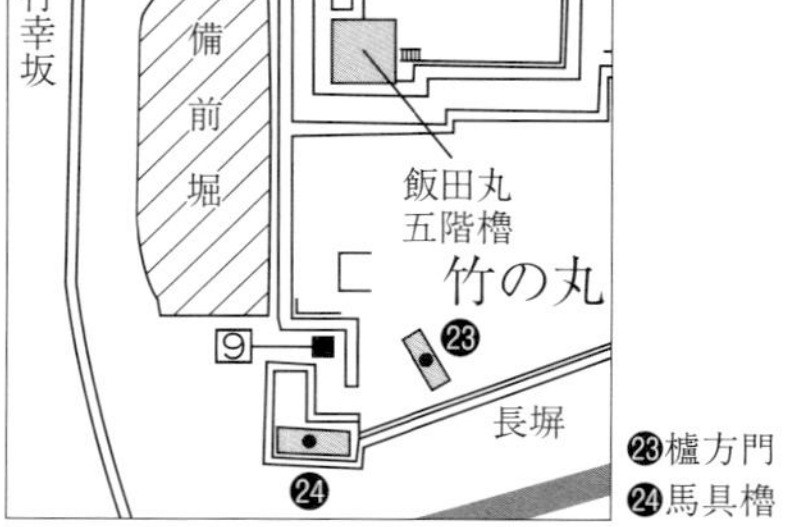

■は掲載写真の撮影地点

⑩ 硫黄櫓跡

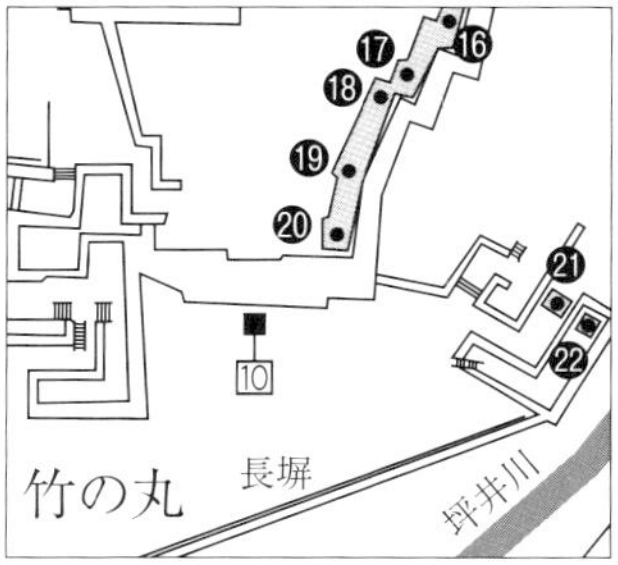

⑯源之進櫓
⑰四間櫓
⑱十四間櫓
⑲七間櫓
⑳田子櫓
㉑須戸口門
㉒平御櫓

■は掲載写真の撮影地点

落ち着いた雰囲気が漂う竹の丸。北側には飯田丸などにつながる高石垣がそびえる。特に、上段に東竹の丸がある付近は一段と高さが際立つ。その石垣の中央、張り出した部分の上には、硫黄櫓と呼ばれる建物があった。

その名から想像される通り、火薬類が納められていたという。現存する田子《たご》櫓とは塀でつながっていたが、明治初期に解体されたらしい。

11 五階櫓跡

竹の丸から飯田丸は、直角に何度も折れ曲がった坂道が続く。角の数は六カ所に及ぶ。

急こう配を避けるためのほか、敵の侵入を妨げる狙いもあったとされる。坂の両側には高い石垣があり、上から容易に侵入者を攻撃できる。

かぎ型の通路を造るために築かれたのが五階櫓の石垣。熊本城内の石垣の多くは地形に即しているが、この石垣は平地に単独で造られた。他の石垣や櫓と連続していないため「独立櫓」とも呼ばれている。

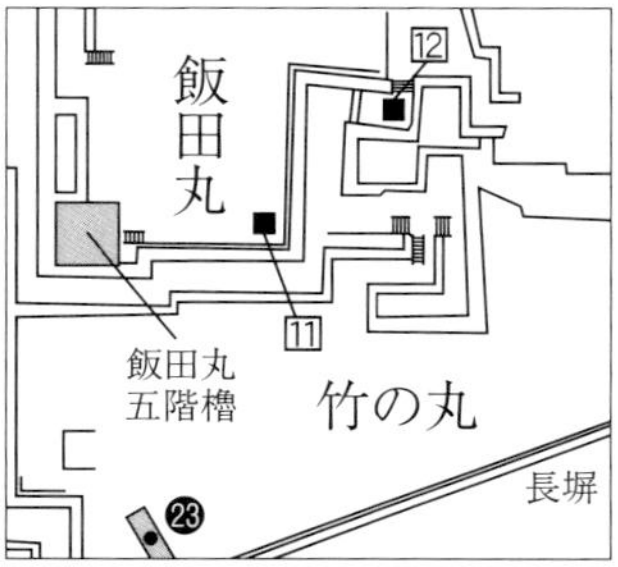

㉓櫨方門

■は掲載写真の撮影地点

12 重なる石垣

櫨方門から竹の丸を抜け飯田丸へ。肥後椿園を過ぎ、石垣の切れ間にある登り口へ入る。
急坂の通路の両側には、高石垣がそびえている。石垣の扇形のラインが重なり、その奥にはさらに石垣が。もともと石垣の上には、物見櫓などが置かれていて、城内に攻め込む敵の侵入を遅らせ、なおかつ石垣の上から攻撃できるような構造になっている。

⑬ 竹の丸から飯田丸へ

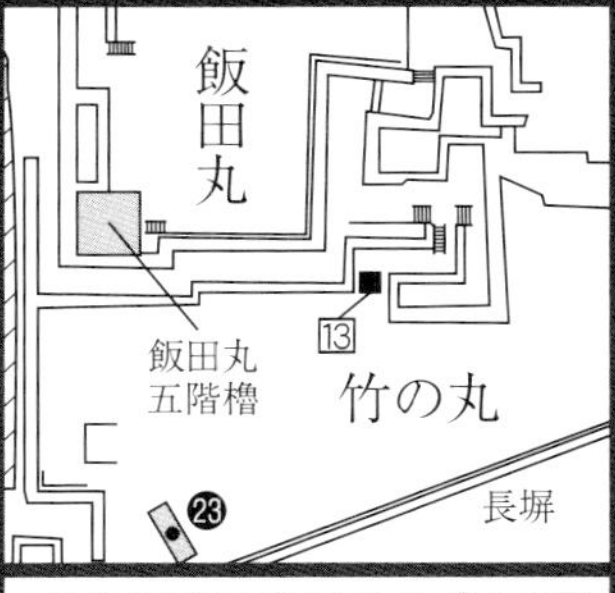

■は掲載写真の撮影地点 ㉓櫨方門

⑭ 西竹の丸桝形

熊本市民会館方面から城内へ。行幸橋を渡り、右手にある櫨方門に進むと、通路がジグザグに折れている。桝形と呼ばれる敵の侵入を妨げる構造だ。

桝形の先には竹の丸門があったが、太平洋戦争後、連合国軍が駐留した際に撤去。その後、一九五七（昭和三二）年に、解体保管してあった櫨方門を移築した。

櫨方門はもともと、宇土櫓北側の櫨方曲輪（今の加藤神社）にあった。西南戦争で一帯が燃えた際にも焼失を免れた。今は南側の入城口として活用されている。

⑮ 馬具櫓塀

㉓櫨方門
㉔馬具櫓

■は掲載写真の撮影地点

16 平左衛門丸塀

天守閣と宇土櫓に囲まれた曲輪が平左衛門丸。加藤時代、管理を任されていた加藤平左衛門の名前から付いたらしい。

平左衛門丸には明治の初め、加藤神社があった時期がある。参拝者でにぎわったというが、約三年間の短い期間で、京町へ。その後、昭和三〇年代に現在地に再遷座した。

現在の平左衛門丸は、天守閣を望む絶好の場所として、観光客の姿が絶えない。北側の石垣の上には、天守閣再建時に復元された長塀がある。

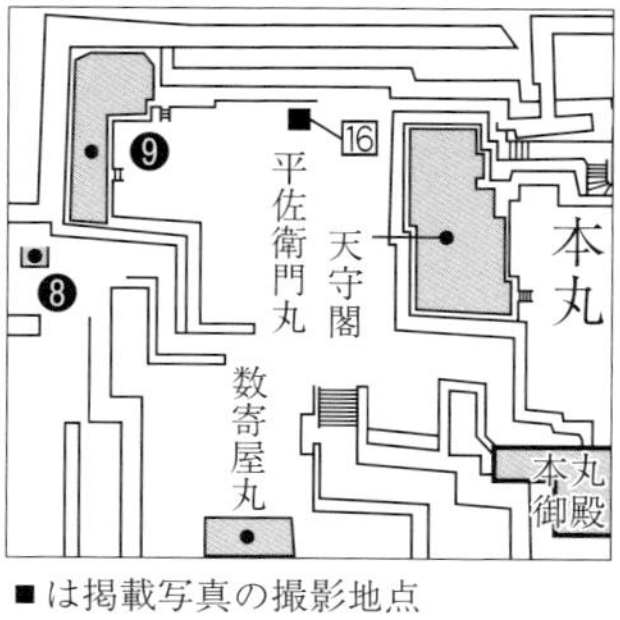

❽頬当御門
❾宇土櫓

■は掲載写真の撮影地点

17 長塀

城の南東を流れる坪井川に沿って、長塀《ながべい》が続く。長塀は西の馬具櫓と東の平御櫓を結び、二四二メートルの長さを誇る。国内に現存する塀の中では最長で、国指定重要文化財になっている。

一見すると真っすぐのびているように見える長塀だが、実は西側で曲がっている。石垣自体が曲がっていて、建築当初からという。理由は分かっていないが、建築時、工区を分けて進めたため、ずれができたのではないかという見方もある。

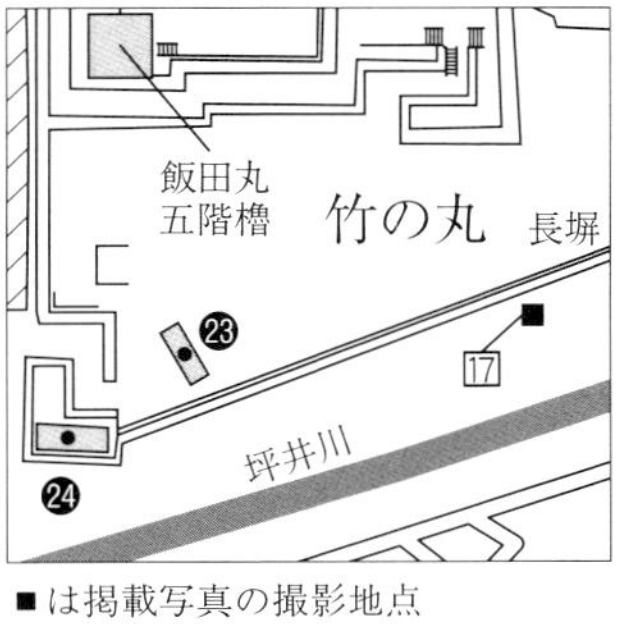

㉓櫨方門
㉔馬具櫓

■は掲載写真の撮影地点

18 百間石垣

新堀橋から熊本市立熊本博物館に抜ける道路わきの百間石垣。高さ九メートルほどの石垣が、約一五〇メートルにわたって続いている。加藤清正の重臣だった飯田覚兵衛が築いたとされる石垣は、北からの敵を防ぐ狙い。仮に今の新堀橋際にあった新堀門を敵が突破してきても、この百間石垣で行く手を阻むことができた。

東西に長い石垣だが、一間を一・八メートルとして、直線部分の長さは百間に満たない。西側に続く二の丸御門桝形の石垣を加え、ようやく百間に届く。

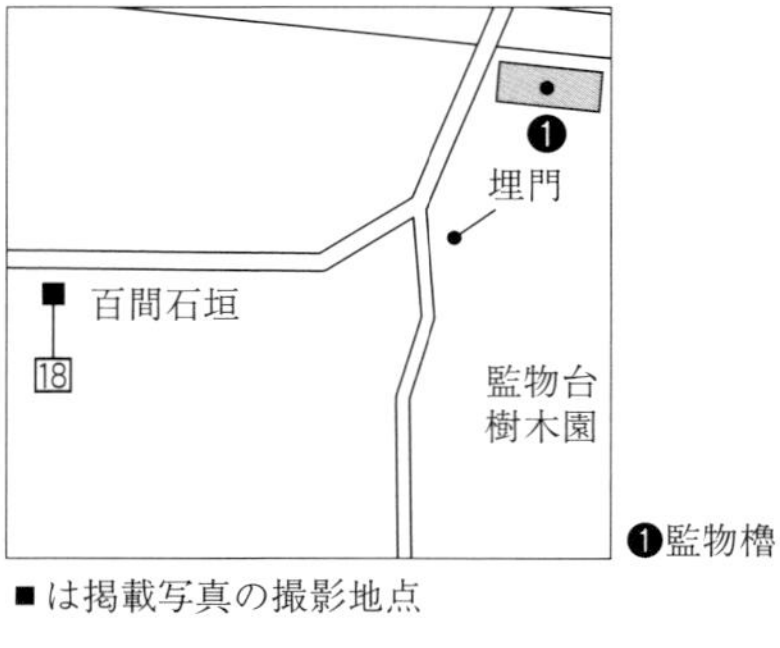

■は掲載写真の撮影地点

19 二の丸御門跡

二の丸広場の北側、三の丸へと続く通路の途中にあるのが二の丸御門跡。豊前・豊後街道に面していて往来も多く、それだけに守りの要衝でもあったとされる。

直角に曲がった二つの石垣に挟まれ、クランク状になった通路上に櫓門があった。門北側の石垣は平地に単独で作られていて、ここに門を設けるため、わざわざ石垣を作ったとみられる。この門の防御上の重要性を裏付けている。

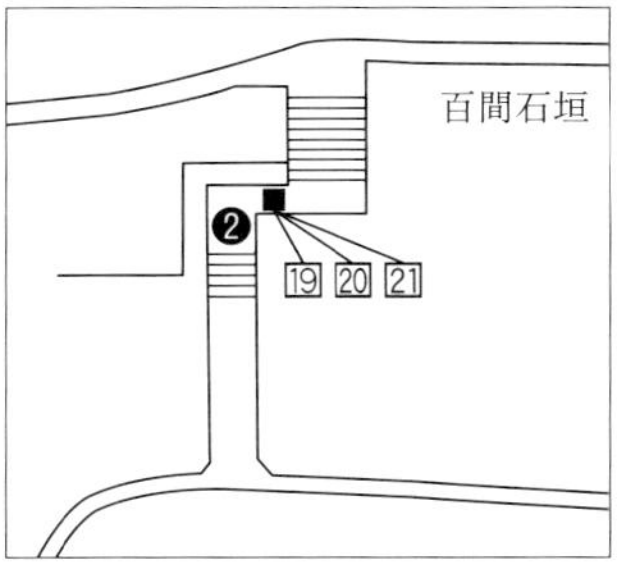

❷二の丸御門跡

■は掲載写真の撮影地点

22 二の丸西側の石垣

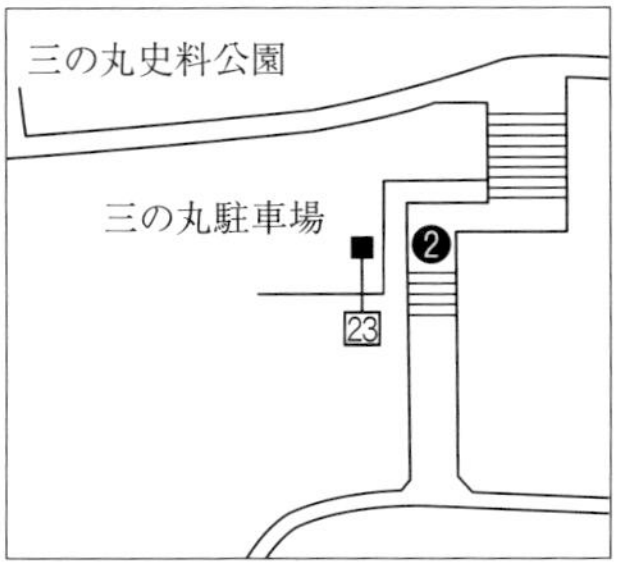

■は掲載写真の撮影地点

■は掲載写真の撮影地点

❷二の丸御門跡

〈32頁〉20 二の丸御門跡
〈33頁〉21 二の丸御門跡

23 三の丸から二の丸を見る

〈36頁〉東竹の丸の北東角に当たるのが北《きた》十《じゅう》八《はち》間《けん》櫓と東十八間櫓。城内屈指の高石垣は約二〇メートルの高さを誇る。東竹の丸一帯は西南戦争での火災を免れたため、往時の姿を残す櫓や門などが数多く残る。合わせて一〇の建物が国の重要文化財に指定されている。東側から見ると、手前にある東十八間櫓の石垣と、奥側の北十八間櫓の石垣が美しく重なり合う。石垣に段が付いているのは、石垣裏の本来の地形を反映させているからだという。

〈37頁〉新堀橋のたもとにそびえる監物櫓。宇土櫓や東竹の丸の櫓群などと並び、現存する建物の一つで、国の重要文化財に指定されている。豊前・豊後街道に面していることもあり、北側の守りの要衝だった。「監物」の名があるが、以前は「新堀橋」、もしくは曲輪内に屋敷があった長岡図書《ずしょ》から「長岡図書預《あずかり》櫓」と呼ばれていたという。明治に入り、陸軍が誤って「監物櫓」として登録。一帯も監物台として一般に定着してしまったらしい。

24 北十八間櫓

〈次頁〉25 監《けん》物《もつ》櫓

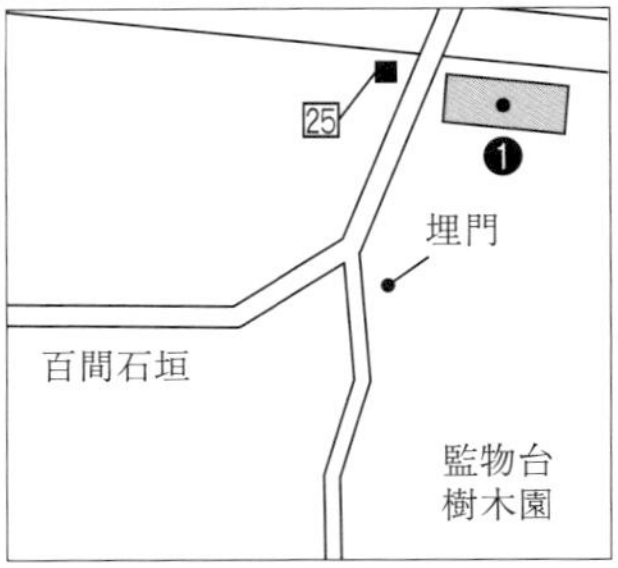

■は掲載写真の撮影地点

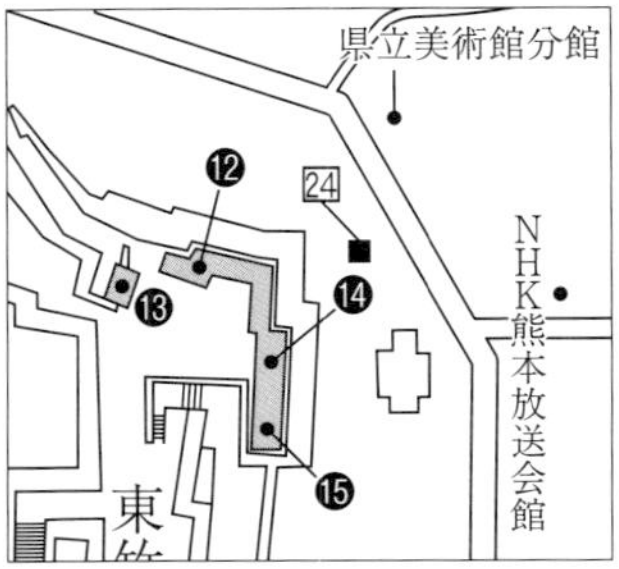

❶監物櫓
⓬五間櫓
⓭不開門
⓮北十八間櫓
⓯東十八間櫓

■は掲載写真の撮影地点

27 櫨方曲輪下石垣

〈前頁〉26 加藤神社東側の石垣

宇土櫓の北側、空堀を挟んだ一帯が櫨方曲輪。現在は加藤神社がある。

江戸中期、ここに櫨の実の専売所である櫨方役所が設けられたことから、その名が付いた。西側にあった門は、昭和三〇年代に竹の丸に移築されて現在も残るが、その他の建物はなくなっている。

江戸後期、北東角に石垣を積み増して、その上に櫓を築いた。櫨方隅三階櫓と呼ばれたが、明治初期に解体された。今は、増築した高石垣だけが残る。

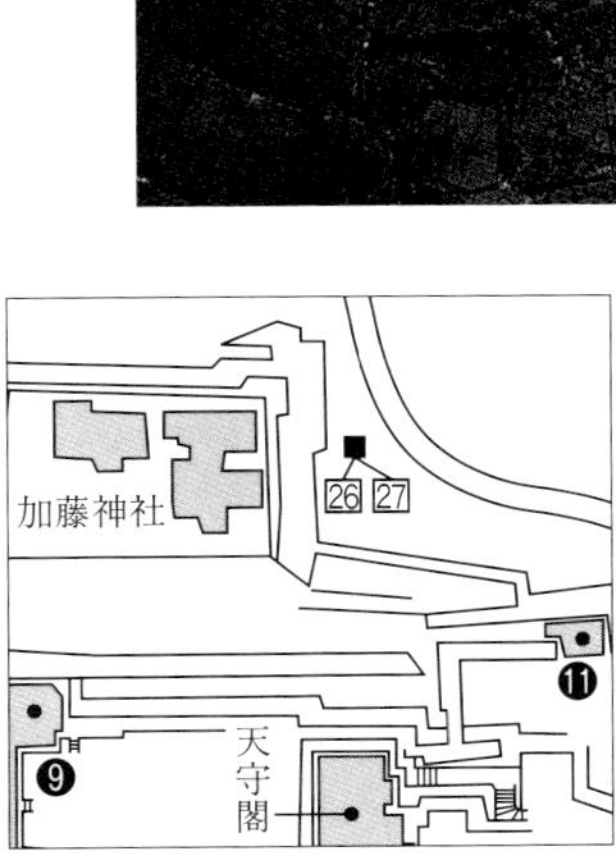

■は掲載写真の撮影地点　❾宇土櫓　⓫平櫓

28 棒安坂から

城北東側にある県立美術館分館付近から、旧国道三号に沿うように高さ一〇メートル以上の石垣が続いている。空堀で石垣が途切れた場所に、監物台へ上る棒《ぼう》安《あん》坂がある。急な坂の上り口から天守閣の方を見ると、加藤神社下の石垣と、その奥に見える三段の石垣が重なり合い、見事な造形美を形作っている。

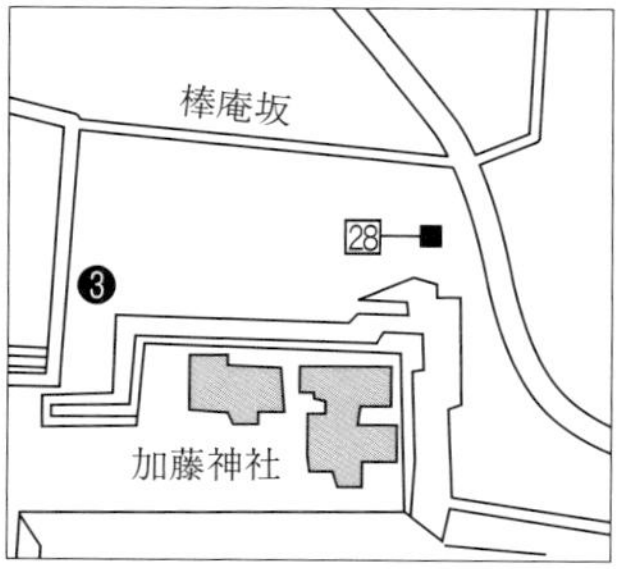

❸北大手櫓門跡

■は掲載写真の撮影地点

29 不開門《あかずのもん》わきの鏡石

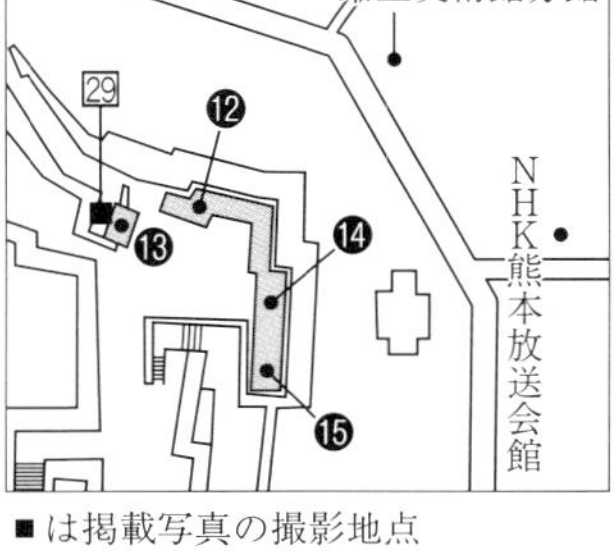

⓬五間櫓
⓭不開門
⓮北十八間櫓
⓯東十八間櫓

■は掲載写真の撮影地点

櫓・門

防御固めた建造物群

一六〇七（慶長一二）年の築城以降、多くの建造物がひしめきあっていた熊本城。その多くは櫓《やぐら》と門、それらをつなぐ塀だった。実に四九もの櫓と四七カ所の門があったとされるが、一八七〇（明治三）年の熊本城廃毀願い出以降、城内の建物は解体されたり、西南戦争関連の火災によって、多くが姿を消した。往時の姿をとどめる建造物は数少なく、再建、復元を除けば、現存するのは国の重要文化財に指定されている一三件に限られる。

一八七七（明治一〇）年、西南戦争開戦直前に起きた火災で天守閣や本丸御殿などが焼失したが、東側の東竹の丸一帯は焼け残ったことから、国重文のうち一〇件が一帯に集中している。城の東側に建つ熊本市役所の最上階展望所から見ると、天守閣、本丸御殿から一段下がった石垣上に立ち並ぶ櫓群が一望できる。

市役所側から見て左から、田子《たご》櫓、七間《しちけん》櫓、十四間《じゅうよんけん》櫓、四間《よんけん》櫓、源之進《げんのしん》櫓、東十八間《ひがしじゅうはちけん》櫓、北十八間櫓、五間櫓と続く。右奥には不開門《あかずのもん》、平《ひら》櫓がある。遠目から見ると、左の四つは棟続きで一見、一つの建物にも見えるが、内部は仕切られており、別の建物。角には石落とし、壁には鉄砲狭間《さま》が設けられ、有事には室内から石垣下の敵を攻撃できる造りとなっている。残念ながら内部は非公開だが、通常は武具の倉庫などとして使われていたらしい。

東十八間櫓、北十八間櫓は城の北東角に当たり、城内屈指の高石垣の上にそびえる。不開門を挟みその西側にある平櫓には、現存する建物では唯一、下屋《げや》と呼ばれる番人の詰所が付随している。しかし、付近は立ち入り禁止となっていて、門のわきからながめるしかない。

　四七カ所あった門のうち、上部に櫓を備えた櫓門は一八カ所。しかし、現存するのは不開門のみ。櫓門は二つの石垣の間に門を設け、石垣上に造った櫓から外部を監視したり、攻撃したりすることができることから、防御力が高いとされる。天守西側の西出丸にある三つの大手門を始め、城内に出入りする要所には櫓門が置かれていた。門外側の通路はクランク状に折れ曲がっており、両側は石垣が並んでいる。桝形と呼ばれ、門を攻める敵が直進できぬよう、また、石垣上から攻撃できるような構造となっている。

　一九六〇（昭和三五）年の天守閣再建をきっかけに、失われた建造物の再建、復元が始まった。現存する塀建築では日本最長の長塀の両端に当たる馬具櫓、平御《ひらおん》櫓は、天守閣と同様に松崎吉次郎翁の寄付を元に再建。一九八一（昭和五六）年に西大手櫓門を復元し、一九八八（昭和六三）年には埋門《うずみもん》を修復。翌年には数寄屋丸二階御広間を復元するなど、少しずつではあるが、事業が進められてきた。

　一九九八（平成一〇）年からは熊本市の熊本城復元整備が始まり、まず西出丸一帯の復元に着手。南大手櫓門、未申《ひつじさる》櫓などが姿を現し、長塀ができたこともあって二の丸方面からの景色が一変した。西出丸は現在、車道で本丸域からは分断されているが、本来は本丸域と一帯となっていた。南側の奉行丸には肥後藩政府が置かれるなど、名前通り行政の中心部でもあった。

　飯田丸には飯田丸五階櫓が復元。天守閣と見まがうほどの規模で、内部も公開されている。最上階からは竹の丸一帯や熊本市街地が一望できる。

　二〇〇八（平成二〇）年、本丸御殿大広間の復元完了で、事業は一段落。しかし、解体保存中の西櫓門の復元などを同市では計画しており、少しずつではあるが、往時の城の様子がよみがえっていくことだろう。

30 数寄屋丸二階櫓

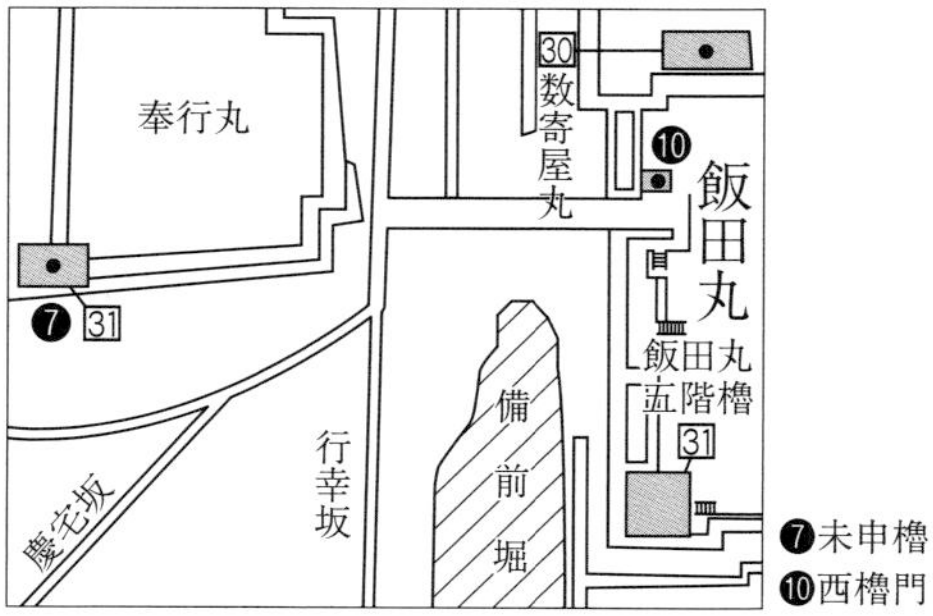

〈次頁〉31 飯田丸五階櫓（手前）と未申櫓

32 未申櫓

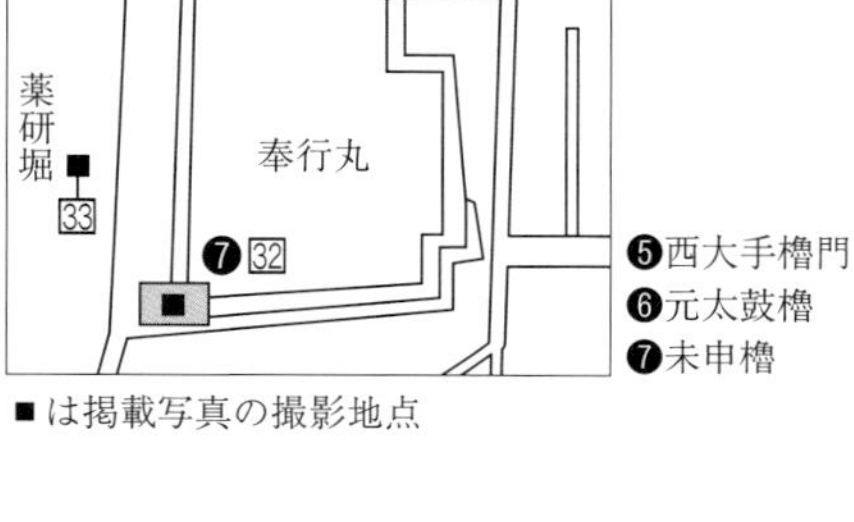

■は掲載写真の撮影地点

行幸坂の途中から西に分かれた道の脇にある未申櫓。一九九七（平成九）年度にまとめられた復元計画に基づき、築城四〇〇年に当たる二〇〇七年（平成一九）までの短期計画で復元された六つの建造物の一つだ。

櫓下部の石垣は、武者返しの美しい曲線が際立つ。その上の櫓は、六カ所の石落としや一二の鉄砲狭《さ》間《ま》など、史料や古写真に基づき忠実に再現された。

33 奉公丸塀

奉行丸塀は、城の西側、薬研堀に面する長塀。未申櫓、元太鼓櫓を結ぶ長さ約一三三メートルの塀は、両櫓などと共に、一九九九（平成一一）年から五年を掛け復元された。塀の内側には奉行所など肥後藩政府が置かれていた。

34 南大手櫓門（北から）

大手門の中で最も大きかった南大手櫓門。熊本城西出丸には、正門の大手門が南、西、北の三カ所あった。いずれも上部に櫓を持つ櫓門だったが、明治初期に取り壊された。

南大手櫓門は、西出丸一帯の復元工事の一環として、二〇〇二（平成一四）年に復元が完了した。横幅は一七間（約三四メートル）、奥行きは四間（約八メートル）。櫓内部は展示会等にも活用されており、その際には中の様子も見学できる。

㉟ 南大手櫓門

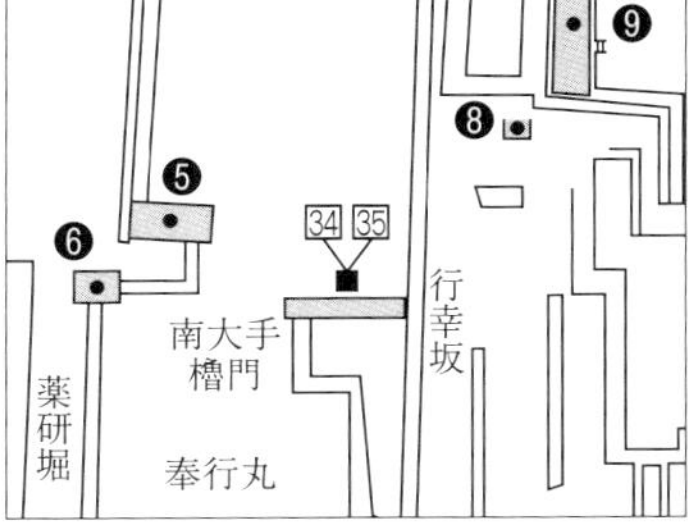

❺西大手櫓門
❻元太鼓櫓
❽頬当御門
❾宇土櫓

■は掲載写真の撮影地点

36 南大手櫓門（南から）

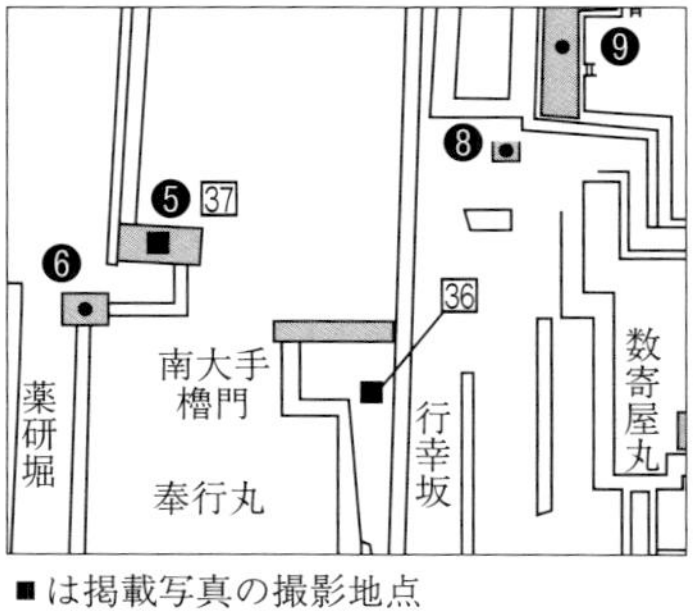

❺西大手櫓門
❻元太鼓櫓
❽頬当御門
❾宇土櫓

■は掲載写真の撮影地点

行幸坂を上りきった場所にある南大手櫓門。石垣に囲まれた門は、築城時の絵図にも描かれている。明治以前、本丸に向かうためには大手門をはじめとしたいずれかの門を通る必要があった。しかし、現在では南大手門の東側に車道と歩道があり、往来する人の多くはそちらを通る。本来の「玄関口」としての役割は、復元後も戻らないままだ。

37 西大手櫓門

三カ所の大手門は明治に入りすべて撤去された。一九八一（昭和五六）年、西大手櫓門が最初に復元された。

同門は最も格式が高いとされ、肥後移封になった細川忠利が最初に入城する際、この門の前でかごを降りて深々と頭を下げたといわれている。その時、冠の先が敷居の中央に当たったため、その後、家臣らは門の端を通るようになったともいう。

一九九九（平成一一）年、台風により櫓部分が破損し、二〇〇三年（同一五）年に修復が終わった。

38 西大手櫓門（左）と元太鼓櫓

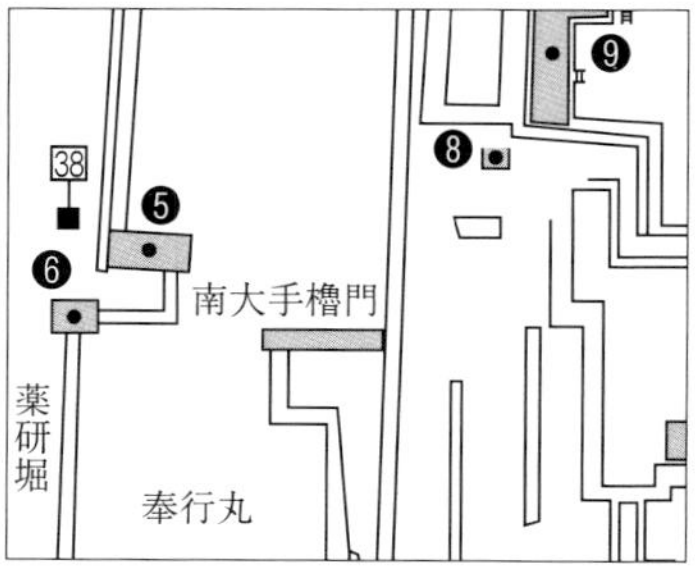

❺西大手櫓門
❻元太鼓櫓
❽頰当御門
❾宇土櫓

■は掲載写真の撮影地点

39 西櫓門跡

行幸坂の途中、備前堀と空堀を仕切るように飯田丸へとつながる通路があり、その先に西櫓門跡がある。

明治初期に櫓部分が取り壊されたものの、門だけは残った。一九六四（昭和三九）年には門に屋根が付けられたが、その後、飯田丸五階櫓や本丸御殿復元工事の資材搬入路として使われることになり、二〇〇一（平成一三）年に解体された。

しかし、長期計画の中では、西櫓門を含む百間櫓の復元も予定。解体した門の部材は、源之進櫓などに保管されており、本来の櫓門として復元される際に利用する。

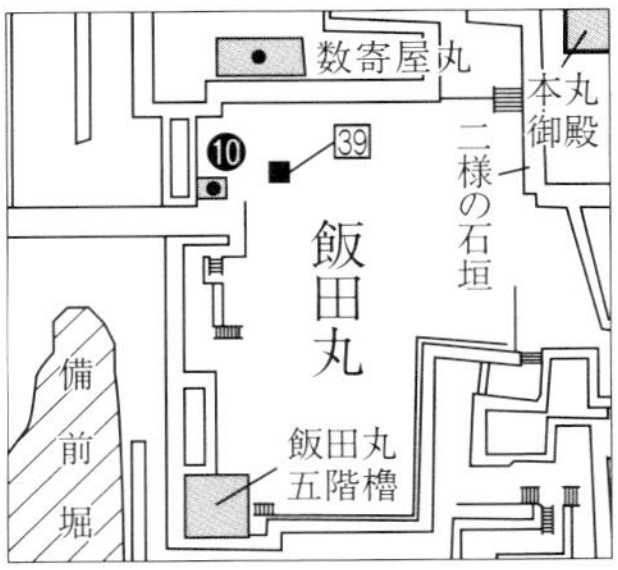

■は掲載写真の撮影地点　⑩西櫓門

40 北大手櫓門跡

行幸坂を上り、宇土櫓前を抜けると石垣に突き当たる。そこから車道は右にほぼ直角に曲がっているが、この場所に北大手櫓門があった。

三つある大手門（正門）の一つで、新堀橋や棒安坂方面から、本丸への出入りに使われた。敵の侵入を防ぐ目的で通路は折れ曲がっていて、見通しも悪く、今も車は徐行を強いられる。

すでに復元された南、西の大手門に続き、熊本市は将来の復元を予定している。しかし、車道を廃止する必要があり、論議を呼びそうだ。

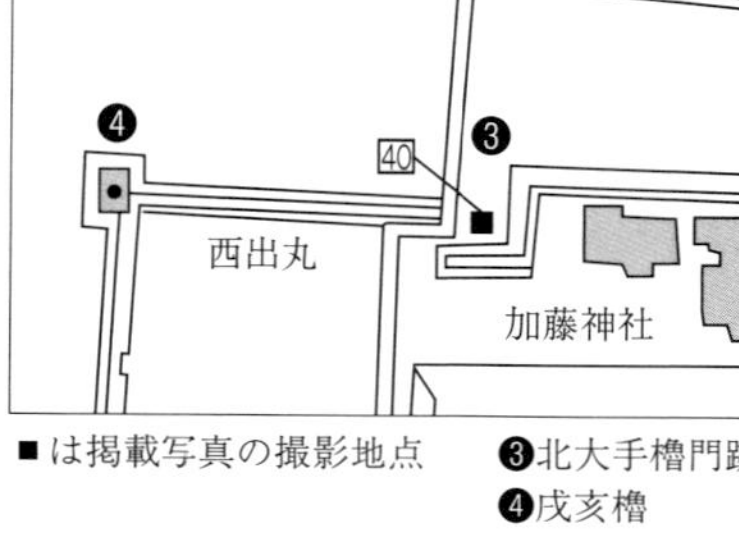

■は掲載写真の撮影地点
❸北大手櫓門跡
❹戌亥櫓

41 地蔵櫓門跡

数寄屋丸から飯田丸への階段を下り、左に曲がった場所に、地蔵櫓門があった。

同門の櫓部分は、本丸御殿や天守閣と、数寄屋丸二階櫓などをつなぐ通路の役割も果たしていたらしい。数寄屋丸櫓門も同様の役割があり、天守閣から宇土櫓まで、石垣上の櫓を移動できていたようだ。

地蔵櫓門のわきには、阿弥陀《あみだ》如来像を線刻した板碑がある。築城前にあった茶臼山廃寺の名残と見られ、同様の板碑が城内に五カ所ある。

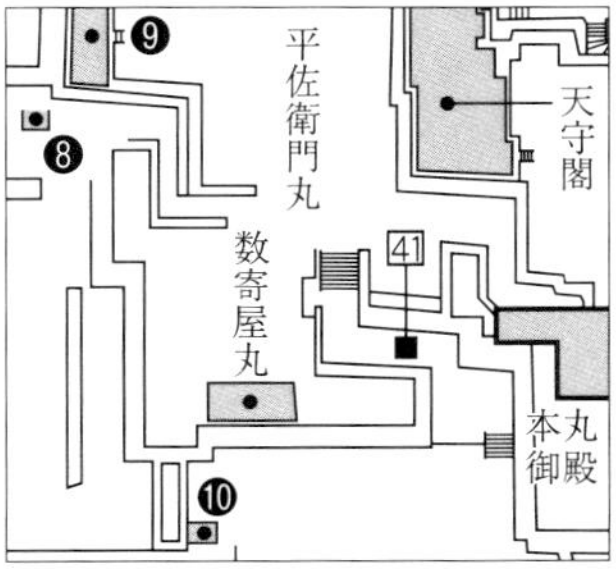

❽頬当御門
❾宇土櫓
❿西櫓門

■は掲載写真の撮影地点

42 数寄屋丸櫓門跡

現在四カ所ある入城口のうち、最も利用者が多い頬当御門。そこから石垣に沿って右に曲がった場所に数寄屋丸櫓門があった。

両側の石垣は高さが違う。明治初期に解体された後、東側の石垣に手が入れられたらしい。石垣の高さは五間（約一〇メートル）と高く、その上に櫓が設けられていた。櫓門の下を通り、数寄屋丸、本丸方面へ向かう通路はスロープ状となっているが、本来は階段だった。明治期に軍が入った後、土を入れたらしく、現在も階段が埋まっているという。

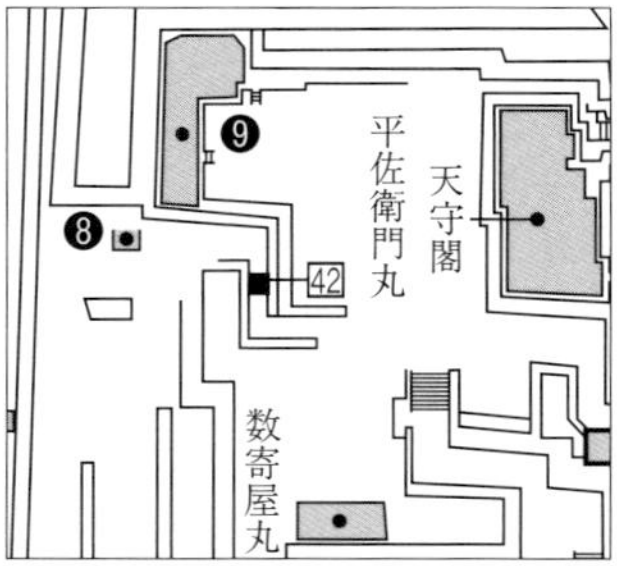

❽頬当御門
❾宇土櫓

■は掲載写真の撮影地点

43 平櫓

東竹の丸一帯の櫓群の中で、最も北側にある平櫓。周囲を見渡す高石垣の上にある。

平櫓は、櫓群の中で唯一、建物近辺が立ち入り禁止になっている。高さ約二〇メートルの石垣の下から見上げるか、不開門近くなどから、遠めに眺めるしかない。

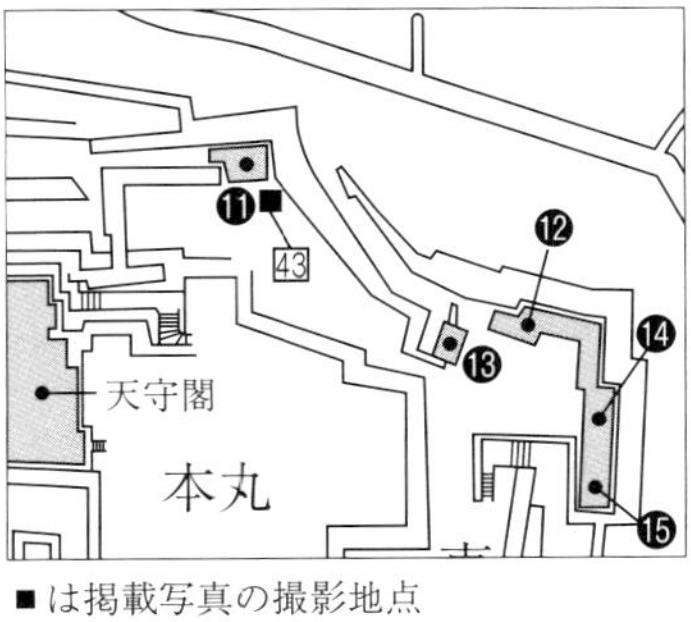

⓫平櫓
⓬五間櫓
⓭不開門
⓮北十八間櫓
⓯東十八間櫓

■は掲載写真の撮影地点

44 不開門下通路

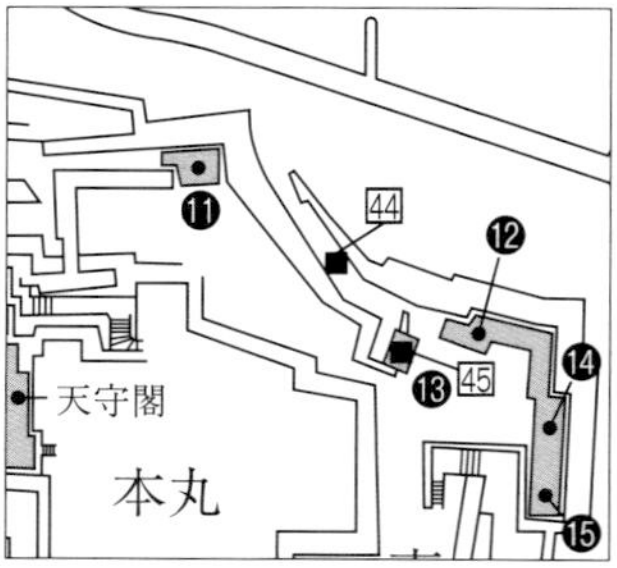

⓫平櫓
⓬五間櫓
⓭不開門
⓮北十八間櫓
⓯東十八間櫓

■は掲載写真の撮影地点

45 不開門

熊本城にあった一八の櫓門のうち、現存しているのは不開門だけ。ほとんどは、明治以降に取り壊され残っていない。

国指定の重要文化財となっている門はその名の通り、通常は開けられることはなかった。城の鬼門に当たることから、開け放っても、塞いでもいけないとされ、門は設けたものの、不浄のものを運び出す時以外は使われなかったという。門の上に櫓がある櫓門形式。急な坂を上りきった場所にある門をくぐると、東竹の丸の櫓群が目の前に広がる。

46 不開門

高石垣の上にある不開門。石垣下から急坂が続いている。門があるのは城内の鬼門に当たる場所で、普段は開けられることはなかったという。昭和三五年の天守閣再建に合わせ開門されていたが、同四八年に閉鎖。平成二年から再び入城口として利用されている。

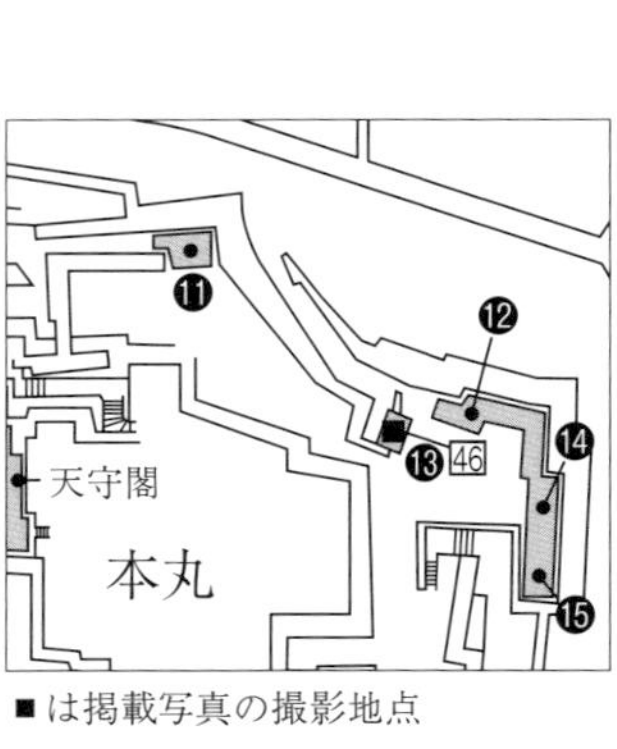

⓫平櫓
⓬五間櫓
⓭不開門
⓮北十八間櫓
⓯東十八間櫓

■は掲載写真の撮影地点

47 飯田丸五階櫓

二〇〇五（平成一七）年に復元が終了した飯田丸五階櫓。備前堀に面した石垣の上にそびえる。

古写真や絵図などを参考に復元。間取りや柱の位置など、建物の構造については一七六九（明和六）年ごろ描かれた「御城内御絵図」で知ることができるという。

外観は三層だが、内部は五階建てで延べ床面積は約五〇〇平方メートルと広い。石垣からの高さは一四・三メートルあり、天守閣と見間違うほどの立派さだ。

■は掲載写真の撮影地点　㉓櫨方門

48 北十八間櫓

北十八間櫓下の石垣。高さ約二〇メートルと、城内でも屈指の威容を誇る。真下から櫓を見上げると、首が痛くなりそうなほど。
櫓下は芝地になっていて、格好の散歩コース。終日、愛犬と歩く人たちの姿などが見られる。のどかな光景が広がる。

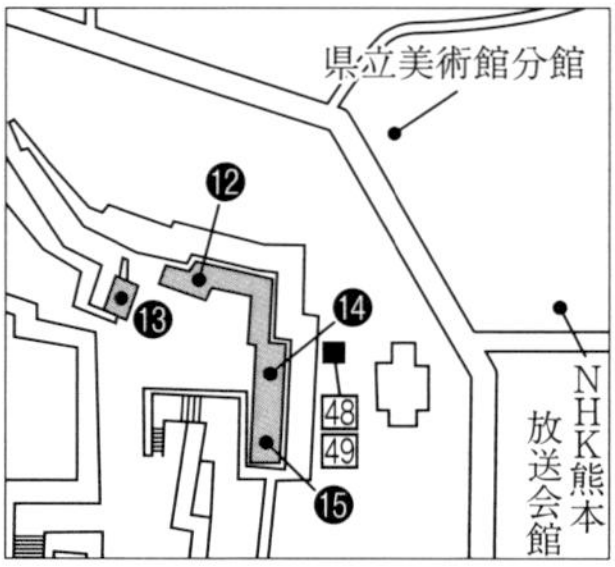

⓬五間櫓
⓭不開門
⓮北十八間櫓
⓯東十八間櫓

■は掲載写真の撮影地点

49 東竹の丸下広場

城北東側は高さ約二〇メートルの見事な高石垣が続く。石垣と県道の間には芝地が広がり、憩いの場となっている。
県道を挟んだ北側には昔、武家屋敷があり、当時からこの広場はあったらしい。しかし、絵図などは残っておらず、名前も付いていない。広場と県道の間にある排水路は以前はわき水等が流れ込む川で、「玉川」という名前もあったという。

50 東十八間櫓

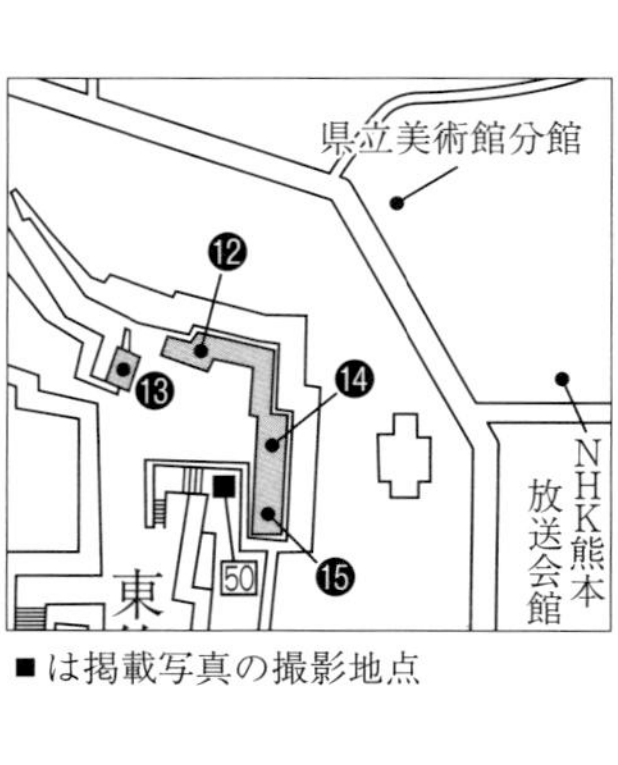

⓬五間櫓
⓭不開門
⓮北十八間櫓
⓯東十八間櫓

■は掲載写真の撮影地点

51 東竹の丸櫓群

東竹の丸の田子櫓、七間櫓、十四間櫓などは棟続き。熊本市役所など、城外の建物の上から見ると、一つの建物にも見える。城内側から見ると、違う建物だと分かりやすい。十四間櫓とその奥の四間櫓は棟続きで、さらにその奥の源之進櫓は、独立している。内部は公開されていないが、建物ごとに仕切られているという。櫓がどのような使われ方をしていたかは、はっきりとは分かっていない。

⑯源之進櫓
⑰四間櫓
⑱十四間櫓
⑲七間櫓
⑳田子櫓

■は掲載写真の撮影地点

52 源之進櫓

東竹の丸の一角にある源之進櫓。一帯にある諸櫓と同様に国重要文化財の指定を受けている。

日が差すと、漆喰《しっくい》壁の白さが際立つ。下見板《したみいた》の黒、漆喰で固められた屋根瓦と青い空が、ストライプ状に美しいコントラストを作り出す。

屋根瓦のすき間に漆喰が塗りこめられているのは、熊本城の特徴の一つ。梅雨や台風による暴風雨対策ではないかと考えられている。

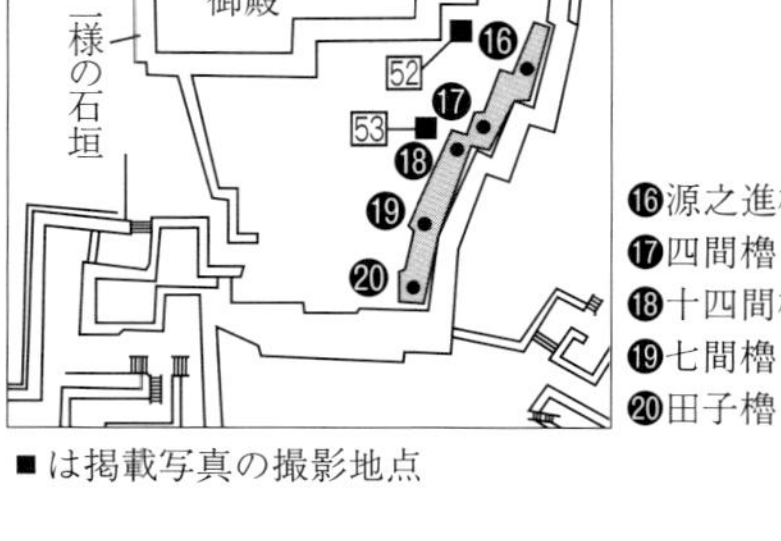

■は掲載写真の撮影地点

53 櫓下見板

熊本城の壁は、漆喰の白壁と、黒く塗られた下見板の組み合わせがほとんど。天守閣や飯田丸五階櫓など、再建された建物の下見板は、耐候性のある塗料で塗られている。しかし、東竹の丸一帯の諸櫓など、国の重要文化財に指定されている建物と、史実通りに復元された建物は、昔ながらの墨塗りとなっている。

柿渋を混ぜるなど、工夫はされているが、現代の塗料に比べれば落ちやすい。しかし、色落ちした様子からは、かえって風情を感じる。

54 備前堀

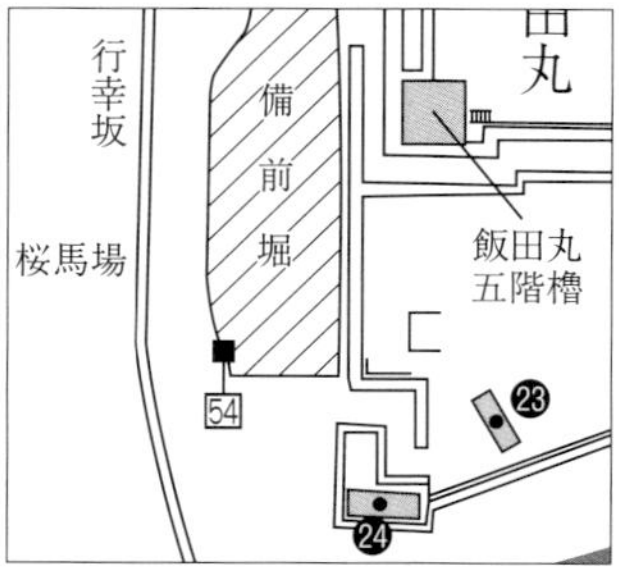

❷❸櫨方門
❷❹馬具櫓

■は掲載写真の撮影地点

55 監物櫓

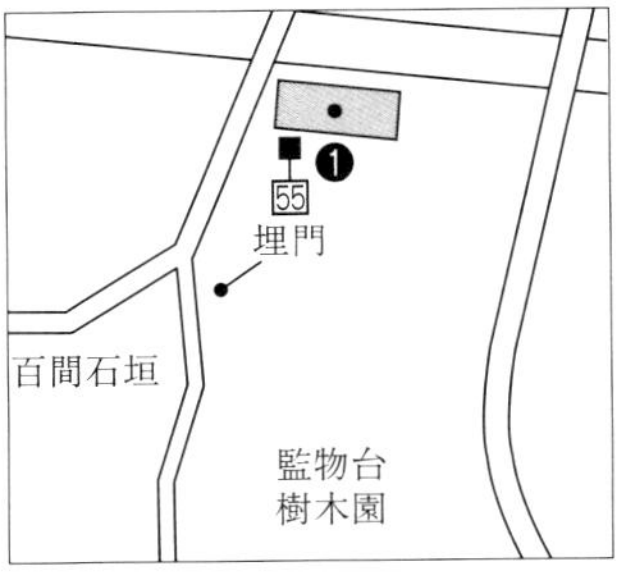

❶監物櫓

■は掲載写真の撮影地点

56 西出丸塀

二〇〇三（平成一五）年に復元された城郭西側の西出丸塀。二の丸公園から見える熊本城の景色が大きく変わった。天守閣、宇土櫓の手前に、長さ約一五七メートルの長塀が続き、以前に比べ景色の重層さが増している。

西出丸塀は、城内では坪井川沿いの長塀に次ぐ長さ。西大手門と戌《いぬ》亥《い》櫓を結び、鉄砲狭間も五五カ所と多い。南側の薬研堀から続く空堀には、雨水が集まり池のようになっている。

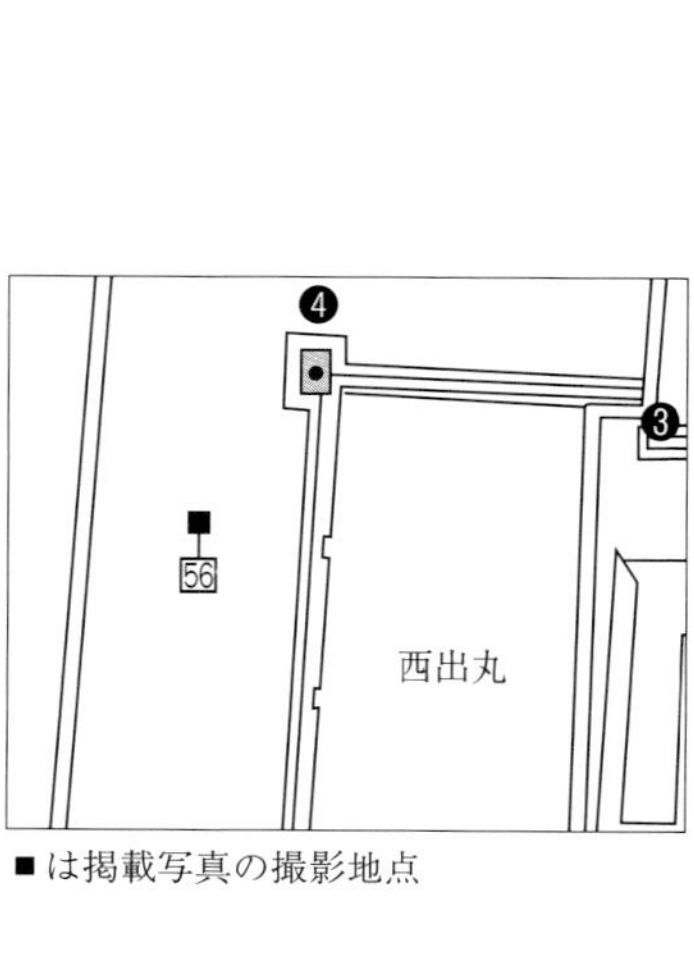

❸北大手櫓門跡
❹戌亥櫓

■は掲載写真の撮影地点

57 竹の丸西

㉓櫨方門
㉔馬具櫓

■は掲載写真の撮影地点

58 埋門

■は掲載写真の撮影地点

監物台の一角にある埋門。新堀方面から本丸や二の丸方面への出入り口だった。

埋門は門上部に櫓を設けた櫓門形式だったが、明治時代前半までには門全体が取り壊されたという。その後は、門前を通る道路が開通したこともあり、閉鎖されていた。一九八八（昭和六三）年、ブロック塀で塞がれていた門を熊本市が修復。しかし、正確な資料がなかったことなどから、櫓門ではなく、冠木《かぶき》門となった。通行はできないが、門の内側へは監物台樹木園から行ける。

59 戌亥櫓

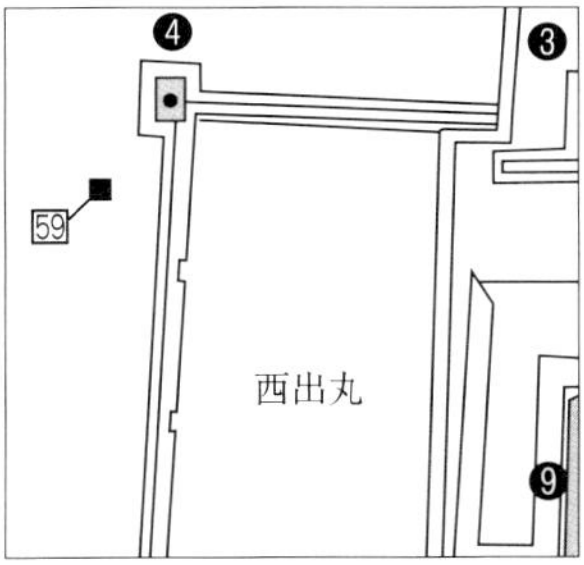

❸北大手櫓門跡
❹戌亥櫓
❾宇土櫓

■は掲載写真の撮影地点

熊本城本丸と二の丸広場の間、空堀に囲まれた一帯が西出丸。熊本市の復元事業で、四つの櫓とそれぞれを結ぶ長塀などが復元された。戌亥櫓はその一つで、木造二層三階建ての隅櫓。二〇〇三（平成一五）年に復元が完了した。

櫓の名前は、西出丸の戌亥（北西）の方角にあることに由来する。同じ西出丸の未申櫓も、未申（南西）の角にある。

戌亥櫓北側の空堀は、西南戦争時に籠城した官軍の家族らが、砲撃を避け避難した場所でもある。

本丸

復元でよみがえる威容

天守閣を中心とした熊本城本丸一帯。ここでは、天守東側の本丸、数寄屋丸、天守と宇土櫓に囲まれた平左衛門丸を本丸域として紹介している。本来あった建造物のうち、現存するのは国指定重要文化財の宇土櫓だけだが、再建された大小の天守閣を始め、数寄屋丸二階御広間、本丸御殿が復元され、往時をしのばせている。

天守閣は一八七七（明治一〇）年、西南戦争で薩軍の北上に備え官軍が籠城していた際に起きた火事で炎上、焼失した。その後、天守閣がないままの状態が続いたが、一九六〇（昭和三五）年、寄付金などを基に再建された。建設費は一億三三〇〇万円。うち五〇〇〇万円を松崎吉次郎翁が寄付した。

再建に当たっては、天守の間取り等を記した御城内御絵図などの史料に基づいて進められた。最も参考とされたのが、焼失前に撮られた多くの古写真。日本の写真の祖、上野彦馬を師とする冨重利平が撮影した数々の写真を始め、有名、無名の写真家が記録した熊本城の写真を基に、八三年の時を超え、天守閣は再び熊本のシンボルとしてそびえることになった。

もっとも、外観こそ忠実に再現されたが、構造は鉄骨コンクリート。地下に約五〇メートルの鉄骨が打ち込まれ、基礎部分の上に組まれた大きな梁が全体を支えることで、石垣に掛かる重量を減らしている。

宇土櫓は「三の天守」とも呼ばれ、独自の威容を誇っている。名前の由来は諸説あり、宇土城から移設したともいわれるが、改修時に移設の痕跡は見つかっていない。城内の多層櫓で現存するのはここだけ。また、城内の国重文で唯一、内部が公開されているのも特徴。各階の間取りや古柱表面の手斧《ちょうな》跡など、内部の構造がよくわかる。最上階からは四方に眺望が広がる。

　築城四〇〇年を記念して復元された本丸御殿大広間は、天守閣同様に西南戦争直前の火災で焼失。二〇〇八（平成二〇）年、一三一年ぶりに完成した。御殿は築城後の一六一〇（慶長一五）年ごろに創建。桃山時代の流れをくむ武家風書院造りで、公式行事に使われた。当時は藩主の生活の場でもあった。

　一六三二（寛永九）年、加藤家が改易され、細川忠利が肥後に移封。翌年から三年掛かりで大改修を行い、新たに御台所棟などが増築された。しかし、忠利はこの後、坪井川を挟んだ城外の花畑邸で暮らすようになった。

　天守閣などと同様に御天守密書、御城内御絵図などの古文書を基に復元された。ほかにも古写真などが参考とされた。

　本丸御殿が他の建物と大きく異なるのは、室内の装飾だ。最も格式の高い昭君之間は、慶長期の特色である鉤上段が設けられ、廊下に突き出した付書院を備えている。また、壁やふすま、格子天井には障壁画が描かれ、絢爛《けんらん》さを誇っている。壁画には中国の故事に基づいた「王昭君」の秘話が描かれていて、「昭君之間《しょうくんのま》」の名の由来にもなっている。「昭君＝将軍」で、豊臣秀頼を迎える準備だったのではという説もある。

　城の中枢部である本丸一帯。現在では二の丸広場の駐車場から、西大手櫓門を通り、頬当《ほおあて》御門《ごもん》から入るコースが一般的。城内で最も来場者が多い区域でもある。近年は韓国や中国、台湾からの団体客の姿が目立つ。彼らの目には、天守閣や本丸御殿はどう映っているのだろうか。

60 二の丸から見た本丸

61 夕日に輝く大天守

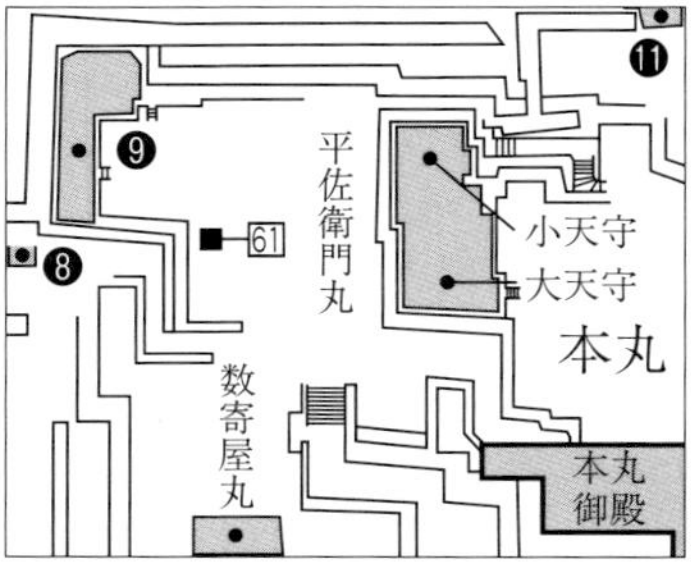

❽頬当御門
❾宇土櫓
⓫平櫓

■は掲載写真の撮影地点

62 小天守（右）と大天守

大天守の北側に建つ小天守。二層四階建てで高さは一九メートルあり、大天守に比べると目立たないが、他の城の大天守と比較しても、決して小さくはない。
天守閣は城下に城主の威厳を示すシンボルのような存在。大天守は生活の場ではないことが多く、熊本城でも細川時代以降は、藩主らは花畑別邸で暮らしていた。
しかし、小天守には畳敷きの書院に加え、井戸や土間、かまどなどがあった。戦時の籠城に備えたほか、夫人のための生活空間であったともいわれている。

63 宇土櫓から見た天守閣

宇土櫓の最上階からは、天守閣の様子が見渡せる。大小の天守閣は一八七七（明治一〇）年、西南戦争で官軍が籠城した際に炎上し焼失。八三年後の一九六〇（昭和三五）年に再建された。焼失前の写真などを基に、瓦の数まで忠実に復元され、往時の姿がよみがえった。

64 楠に埋もれる天守閣

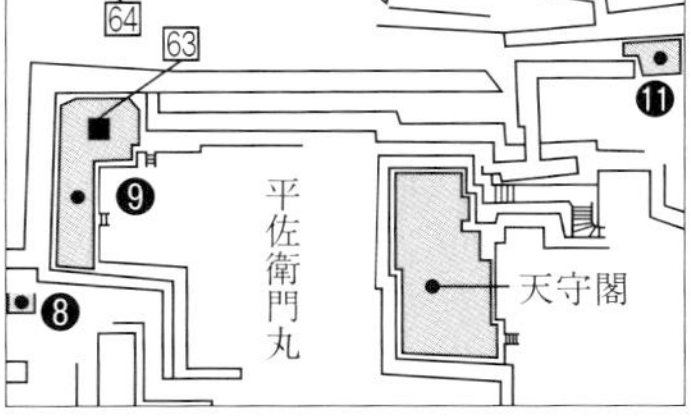

❽頬当御門
❾宇土櫓
⓫平櫓

■は掲載写真の撮影地点

65 数寄屋丸下から

数寄屋丸下の石垣から天守閣を見上げる。
城の四カ所の入城口のうち、頬当御門を除く三門からは、広い城内を歩き、石段を上り継いで、ようやく天守閣にたどりつく。
石段は不等間隔に作られていて、上りにくい。城攻めをしにくくさせるため、わざとそうしたといわれている。
いったん、飯田丸付近で見えた天守閣は、歩を進めると再び石垣に隠れてしまう。数寄屋丸下に差し掛かった所で、再び視界に入ってくる。

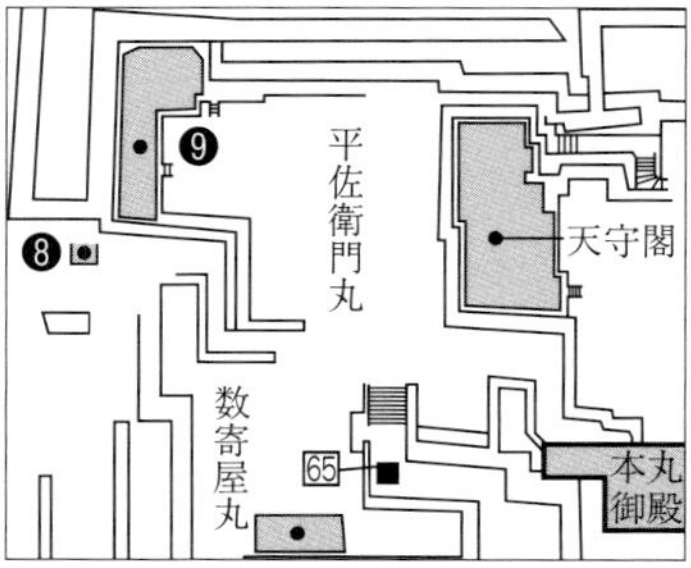

■は掲載写真の撮影地点　❽頬当御門　❾宇土櫓

66 飯田丸から

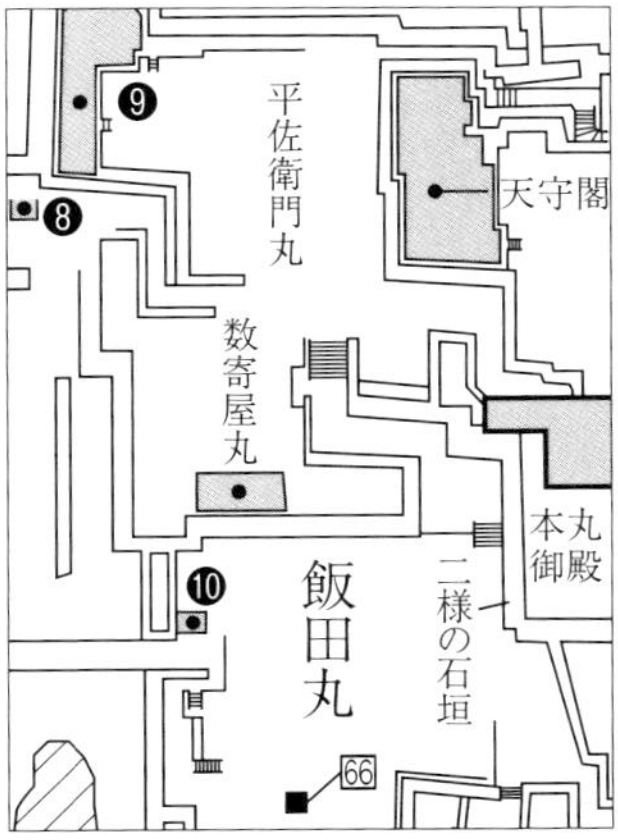

❽頬当御門
❾宇土櫓
❿西櫓門
■は掲載写真の撮影地点

67 大天守西面

三層六階建ての大天守。各層にある三角形の妻壁の屋根下には、破《は》風《ふ》と呼ばれる白い装飾板が付いている。

破風の頂点部分の下には、懸魚《げぎょ》という飾りがある。各層で形が違い、西面では最上層が梅鉢、二層目が蕪《かぶら》、最下層には三花《みつばな》蕪という名称の懸魚が付いている。

懸魚はもともと魚の形をしており、水と縁があることから、火災防止の意味合いがあったとされる。

68 張り出した大天守の梁

大天守を直下から見上げると、石垣の上に突き出した白い梁が目につく。
一九六〇（昭和三五）年に再建された大小天守閣。忠実に再現された外観に対し、内部は鉄骨、鉄筋コンクリート造りだ。石垣の上面から五〇メートル近く下の岩盤まで基礎を打ち込み、その上に建物を建ててある。基礎上部に張りめぐらされた梁と桁《けた》で建物を支え、石垣には荷重があまりかからない構造になっている。

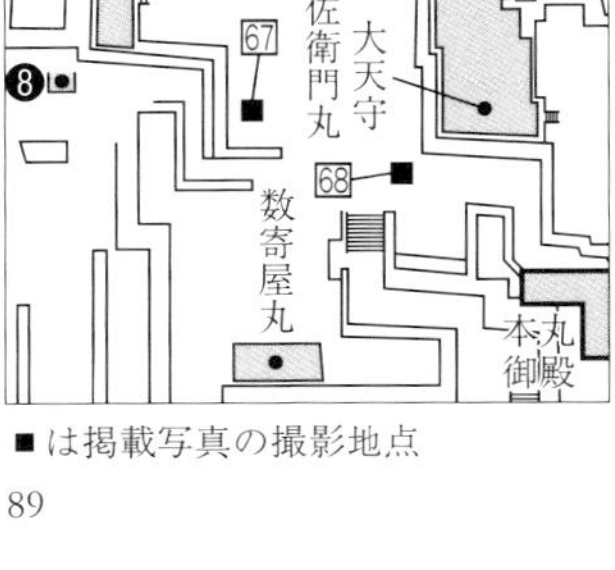

■は掲載写真の撮影地点

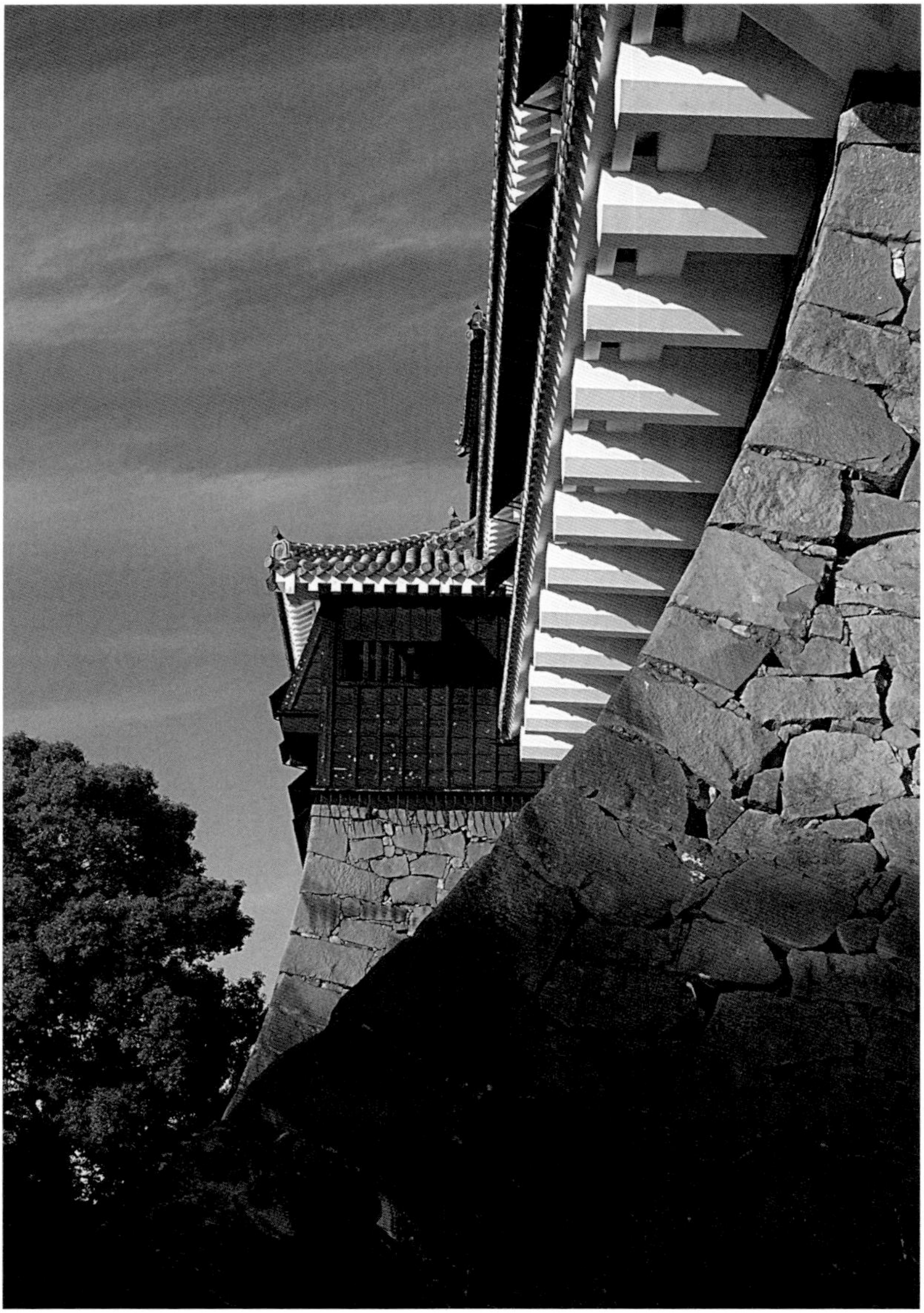

69 大天守（手前）と小天守の石垣

西南戦争で焼失した熊本城天守閣。石垣だけは残り、再建時にも、建物の土台となった。石垣は大天守と小天守部分でずれがあり、小天守側が西にはみ出した格好。反りや工法などが異なることから、大天守部分が出来上がった後、増築されたという説がある。

南側から石垣を見ると、奥の小天守側が出っ張っているのがよくわかる。大天守側よりも反り返りが小さく、隅部分の石積みの方法から、より新しい時代の工法で造られた石垣と考えられている。

70 東西にずれた大天守（右）と小天守の棟

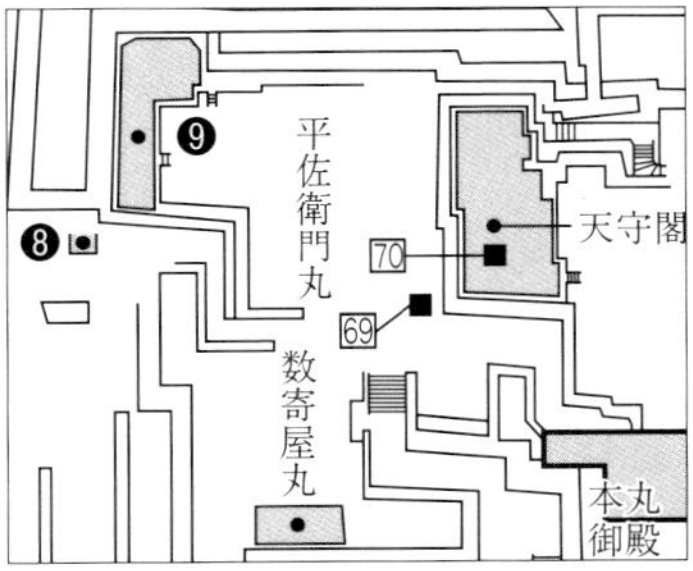

❽頬当御門
❾宇土櫓

■は掲載写真の撮影地点

71 西日に映える宇土櫓

〈上〉〈次頁〉天守閣の西側、空堀からそびえる高石垣の上に宇土櫓がある。三層五階、地下一階の立派な櫓は、大小の天守閣に続く「三の天守」とも呼ばれている。石垣は高さ約二〇メートルもあり、城内でも屈指の高さを誇る。空堀の下から見上げると、高さが一段と際立つ。

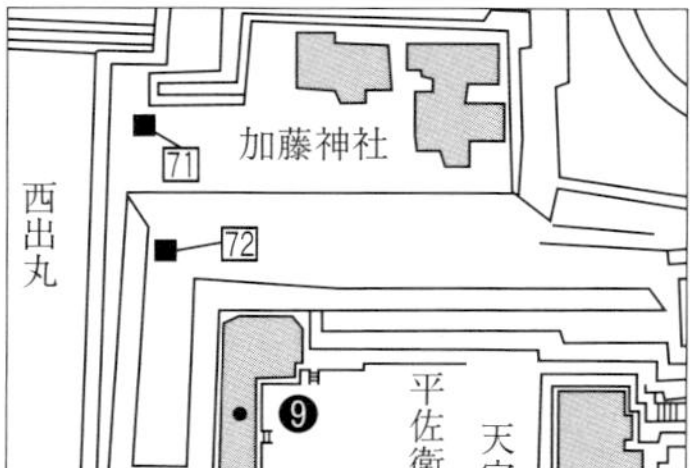

■は掲載写真の撮影地点
❽頬当御門
❾宇土櫓

〈次頁〉72 高石垣と宇土櫓

73 宇土櫓南面

軒瓦には紋が入っている。ほとんどが細川家の九曜紋と火よけの巴《ともえ》紋だが、宇土櫓の瓦には、二つの紋に加え、加藤家の紋である桔梗《ききょう》紋の瓦も使われている。

公式の場として使われる建物では、細川氏入城以後、九曜紋の瓦に替えられたようだが、その他の建物では、破損等がなければ、そのまま桔梗紋の瓦も使われたらしい。現存する櫓等では、桔梗紋の瓦はまれで、宇土櫓に集中している。改修の際も、元の紋の瓦に交換してあるという。

74 九曜紋の入った軒瓦

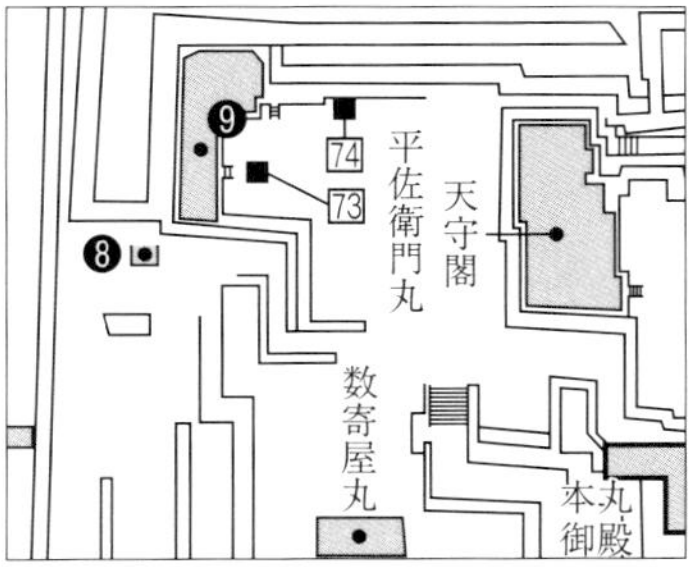

■は掲載写真の撮影地点
❽頬当御門
❾宇土櫓

75 二の丸から見た本丸

二の丸広場からは、宇土櫓や天守閣が重なって見える。手前にある西出丸塀が復元され、より重層的な景色になった。

よく見ると、大小二つの天守閣と宇土櫓では、屋根の向きが九〇度違っている。また破風《はふ》の様子も宇土櫓の方が直線的に見える。

西出丸塀と比較すると、宇土櫓の南につながる続櫓の下側が水平ではなく、南側に少しずつ上がっているのも分かる。北側と南側では、約一メートルも高さが違うという。

76 空堀から見上げた宇土櫓

宇土櫓の西側と北側は深い空堀となっていて、底まで石垣が続いている。
堀の外側周辺には、城の出入り口である南、西、北の大手門。堀は城の中心部、本丸の防御ラインであり、宇土櫓は全体を見渡せる位置にそびえている。
空堀の底まで下りると、石垣は一層、高く感じられ、身を隠す場所もない。城の堅固さが実感できる。

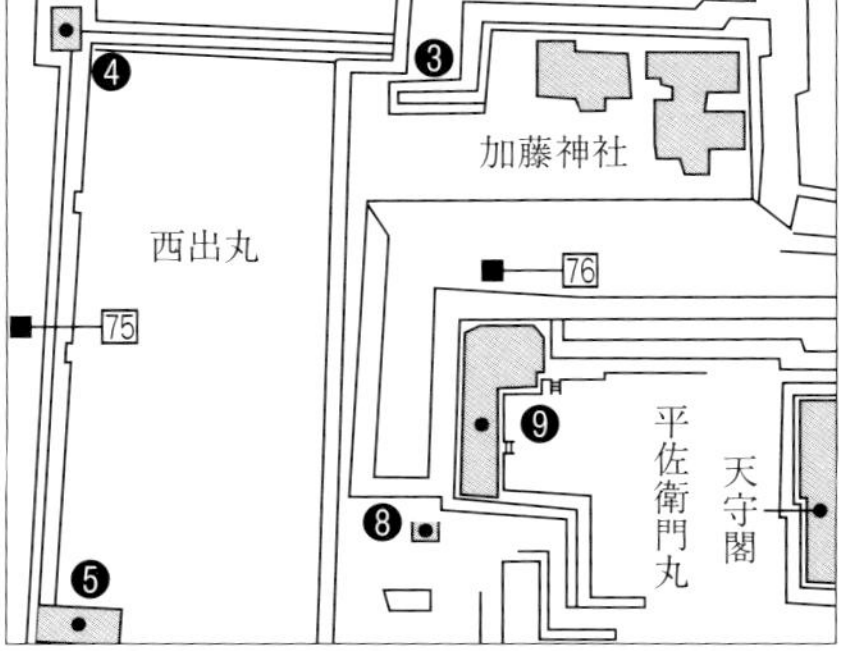

❸北大手櫓門跡
❹戌亥櫓
❺西大手櫓門
❽頬当御門
❾宇土櫓

■は掲載写真の撮影地点

77 続櫓廊下

熊本城内には一三の国指定文化財があるが、内部が一般公開されているのは宇土櫓だけ。見学コースの入り口にあるのが、宇土櫓と棟続きの続櫓で、南に隣接する頬当御門を守るための物見櫓。宇土櫓よりも後に建てられた。

宇土櫓までは約二五メートルの廊下を抜けていくが、ほんの少しずつ下っている。どうしてかは分かっていないが、石垣の上面が水平でなく、両方をつなぐために傾いた廊下になったらしい。

78 古柱

宇土櫓はこれまでに幾度も改修を受けている。最も大規模だったのは昭和二年の陸軍によるもの。当時の写真を見ると、屋根や壁が崩れかかるなど、かなりひどい状態だったのが分かる。最近では昭和六一年から四年を掛けて修理された。

シロアリ被害などもあり、柱や床板などは多くが交換されているが、中には創建当時の部材も残る。見学コースの途中には、手斧《ちょうな》で削った跡がある柱を見ることができる。

79 宇土櫓一階広間

80 宇土櫓最上階

地上五階建ての宇土櫓。急で狭い階段を慎重に登り詰めると最上階にたどり着く。櫓は生活の場として使われたわけではなく、物見や武器庫として使われたらしい。最上階からは四方に視界が開け、南、西、北の大手門や二の丸方面、天守閣などが見渡せる。
宇土櫓の名称の由来は、宇土城から移築されたなど諸説あるが、大改修時の調査では移築された様子はうかがえなかったという。宇土城主だった小西行長の旧家臣らが、櫓の管理を任されたことからともいわれている。

81 上空から見た城郭

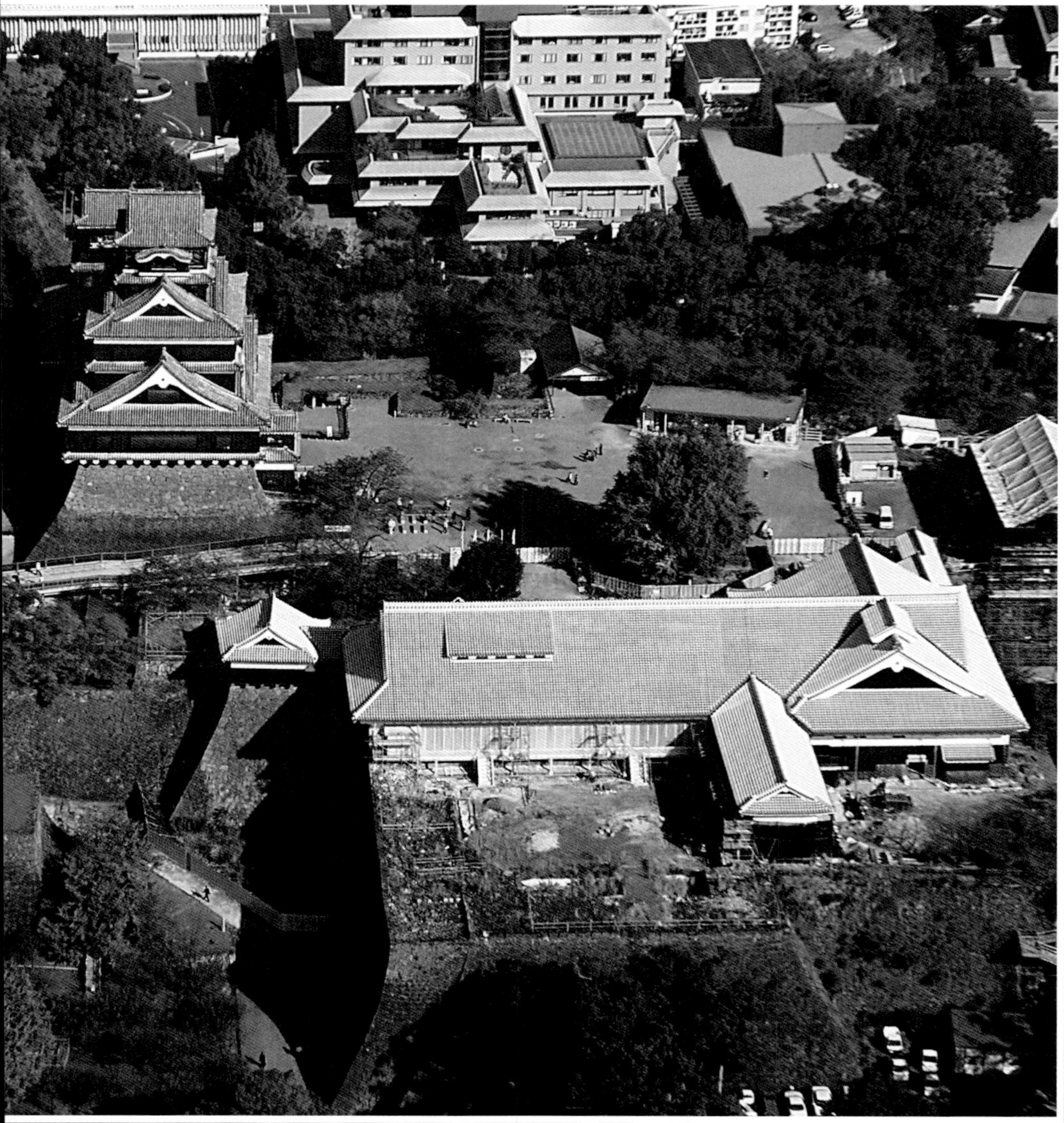

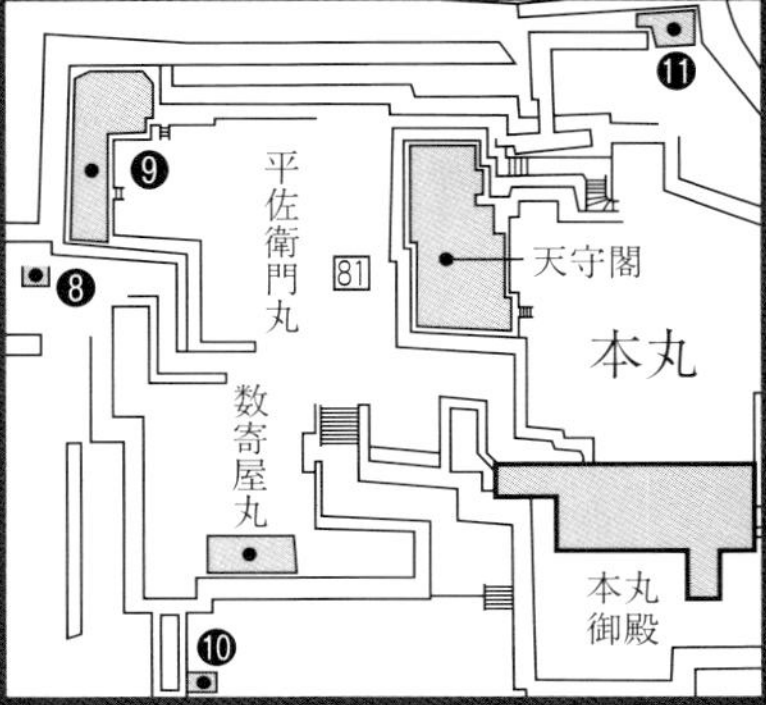

❽頬当御門 ❾宇土櫓 ❿西櫓門 ⓫平櫓

大小の天守閣と並び、本丸御殿が目につく。地上から見ても巨大な建物は目を引くが、上空からはその大きさが際立って見える。それでも、今回復元されたのは、一帯の建物の一部だという。

82 通町筋から

築城四〇〇年に合わせ復元された本丸御殿。大広間棟、数寄屋棟、長之間棟、大台所棟の四棟があり、すべて棟続き。ただし、大台所棟だけは建築当初、別棟だったと見られている。

熊本市の通町筋の雑踏から熊本城を見上げると、本丸御殿が目立つ。特に、屋根が他の建物に比べ白く浮き立って見える。

御殿の屋根に使われている瓦は、約一四万枚。色は他の建物とほぼ同じだが、新しい分、白く光って見えるようだ。台風などで被害を受けないよう、漆喰で固められ、熊本城の特徴の一つでもある。

白く輝く屋根は、熊本城の新しい風景として新鮮に映る。

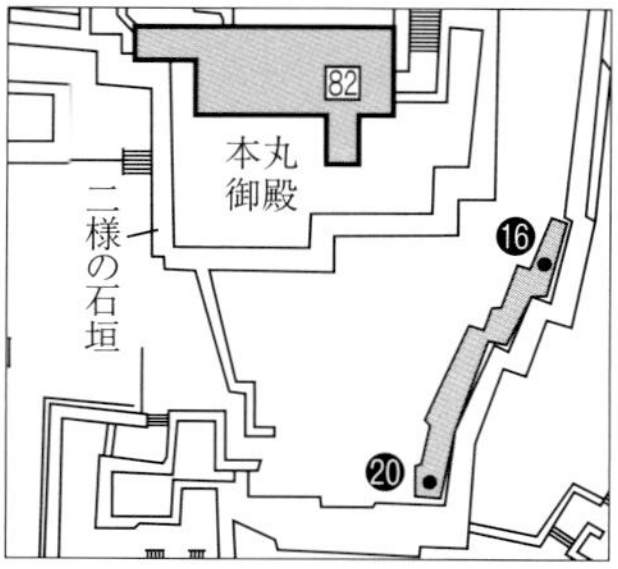

⑯源之進櫓
⑳田子櫓

83 本丸御殿南面

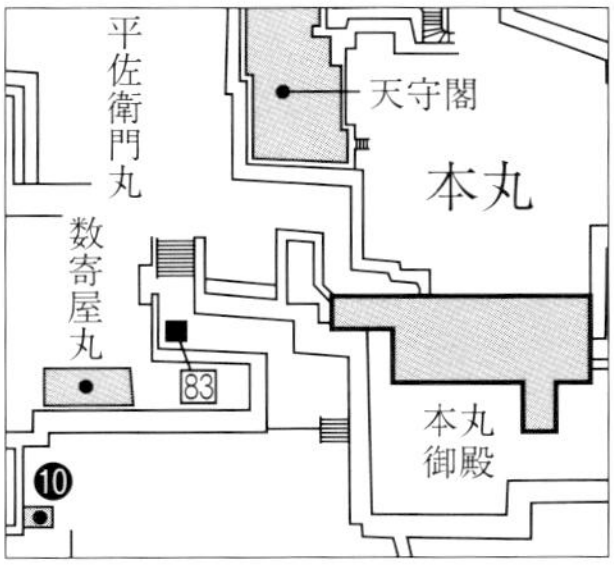

⑩西櫓門

■は掲載写真の撮影地点

数寄屋丸下にあった地蔵門。周囲を高石垣に囲まれた門跡から東方を見上げると、本丸御殿の西側が見える。

北西側の石垣上には、茶室などを備えた数寄屋棟が立っている。西側は大広間棟。壁の向こうには、きらびやかな障壁画で飾られた昭《しょう》君《くん》之間や若松之間が続いている。

すぐ真上に見える本丸御殿だが、たどりつくには大きく迂回しなければならない。

84 闇り御門

平左衛門丸や数寄屋丸方面から本丸御殿へ。耕作櫓門跡のクランク状の通路を抜け、御殿入り口にある闇り御門にたどりつく。外から見た門の中は暗く、名前の由来を感じさせる。

門をくぐると左側に闇り通路が続く。大広間の地下に当たり外光はあまり入らない。通路の先は地下の四つ角。門と番所が設けられ、厳重な警備が敷かれていたという。来場者もこの通路をくぐって御殿内に入る。

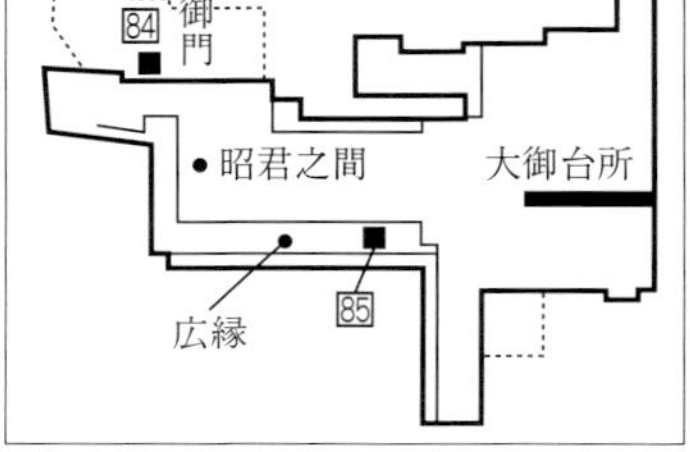

■は掲載写真の撮影地点

85 大広間広縁

本丸御殿の大広間棟。一五畳から六〇畳まで一一の広間がある。どのように使われていたのかは、はっきりした記録がないが、使者の接客など公式行事に使用されたと考えられている。
南側には長さ約三〇メートルの広縁が延びている。広縁の幅は五・五メートル。南側には一段低い落縁があり、二つの縁の間には八寸角の柱が七本並ぶ。雨戸は三三枚もある。

86 昭君之間天井画

87 昭君之間天井画

〈前頁〉〈上〉本丸御殿大広間棟の最も西端にある昭君之間。大広間の中で最も格式が高く、漢の宮女、王昭君の悲話を描いた障壁画など、九八面の画が復元されている。見上げると、六〇枚の天井画が格子状に並ぶ。江戸後期の肥後藩御用絵師、杉谷行直による「昭君之間天井画縮図」が残っており、約九〇センチの格子幅や詳細な構図等が分かった。草木や花が描かれた鮮やかな天井がよみがえった。昭君之間の名は王昭君に由来するが、「昭君=将軍」の隠語で、豊臣秀頼を招くための部屋だったともいわれている。

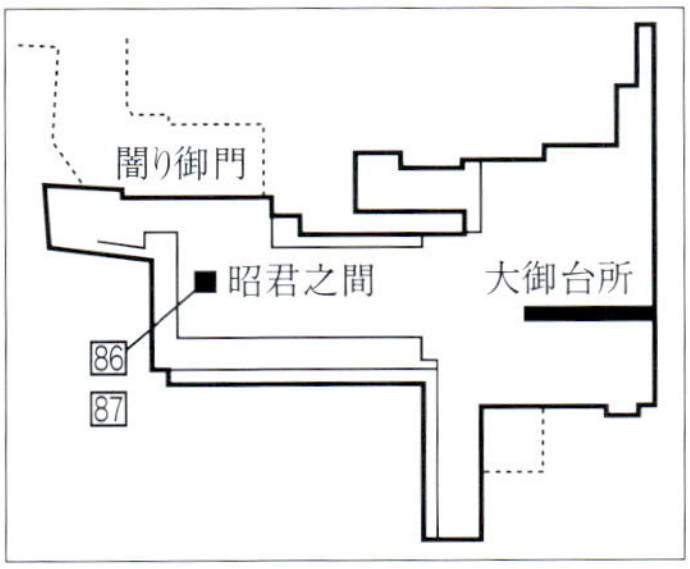

■は掲載写真の撮影地点

88 本丸御殿茶室

本丸御殿の西端数寄屋棟には茶室があり、廊下を挟んで昭君之間に隣接している。加藤清正が古田織部の高弟から茶道の手ほどきを受けていたことから、織部流の造り。京都の薮内家燕庵《えんなん》等を参考にした。また、掛け軸用のくぎの場所などは、肥後古流に従った。高石垣の上にあり、南側からは飯田丸や市街地を一望できる。

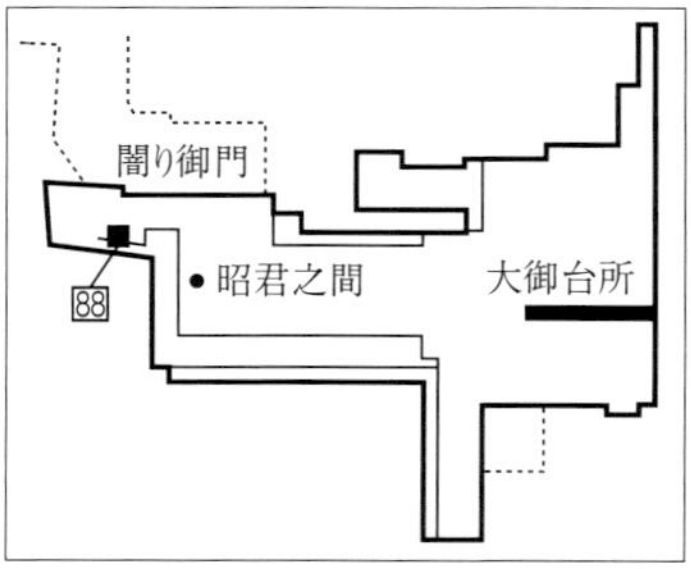

■は掲載写真の撮影地点

89 大台所天井

大台所棟の中にある大御台所は、接客用などの調理をしたらしい。調理時の煙などを逃すため吹き抜けとなっていて、屋根には煙出しが張り出している。梁や小屋組がむき出しで、建物の構造の一部を見ることができる。アカマツ材の梁は直径約一メートルもある。

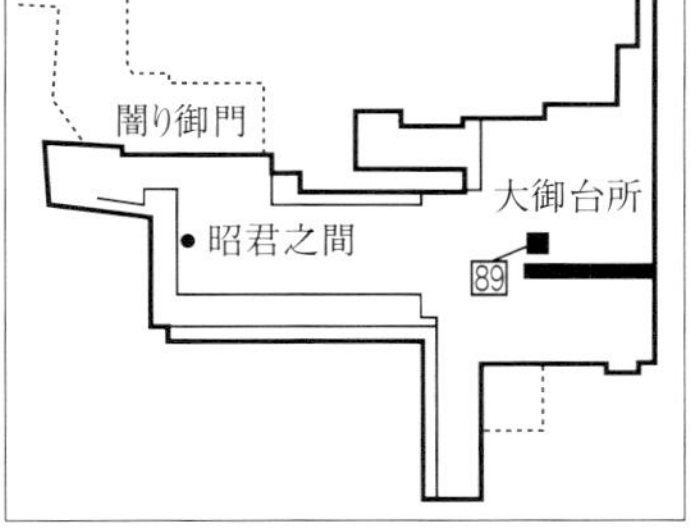

■は掲載写真の撮影地点

90 本丸御殿一乃開御門

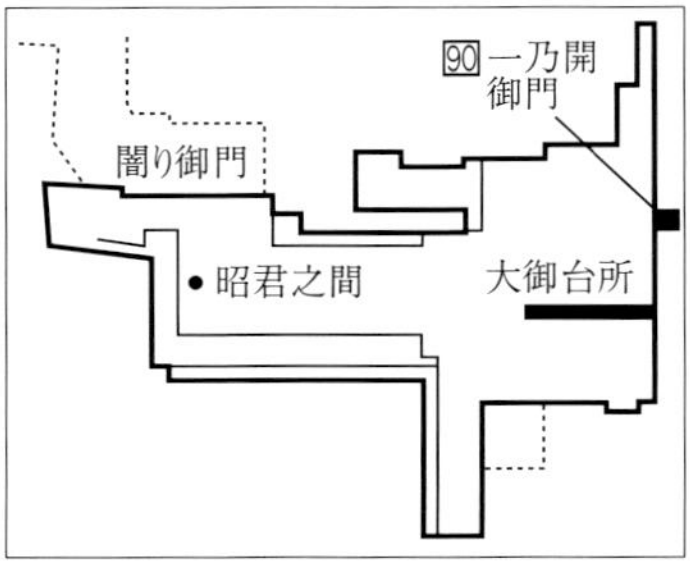

■は掲載写真の撮影地点

91 本丸御殿闇り通路の漆喰石垣

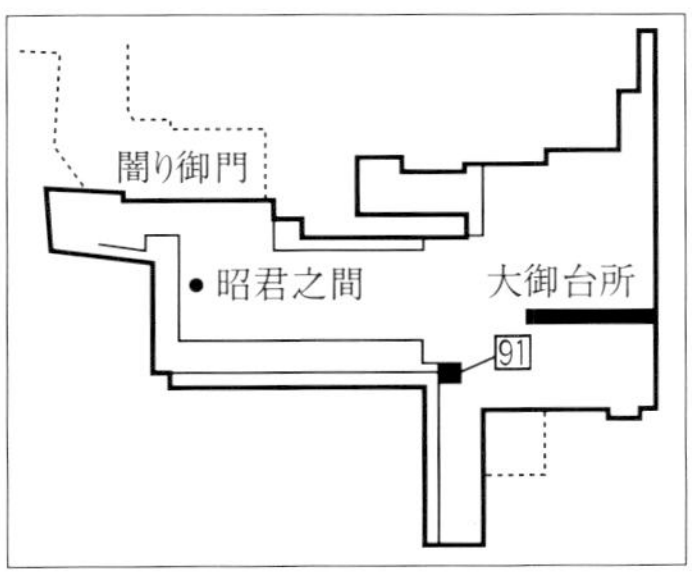

■は掲載写真の撮影地点

四季折々

季節感豊かな城郭

熊本空港に着陸する飛行機は、熊本市上空を通過することが多い。上空から見下ろすと中心部の繁華街の一角に、熊本城の緑の空間が見える。その広さもさることながら、緑の豊かさにも驚かされる。

熊本城は四季で雰囲気を変える。春には桜並木が城全体を彩り、初夏には楠若葉の瑞々しい緑が石垣と美しいコントラストを描き出す。夏には生い茂った常緑樹が緑陰を生み、秋は黄色く色づいたイチョウが、冬は肥後ツバキや肥後サザンカが鮮やかに浮かび上がる。

桜は城内のいたるところに植えられ、見ごろはちょうど春休み時期と重なる。行幸坂の並木、竹の丸の長塀沿い、東竹の丸や三の丸など、見どころは多い。ソメイヨシノが中心だが、一足早く咲く山桜も目立つ。咲き始めから散り際の桜吹雪まで、場所と時間の組み合わせは多彩だ。桜と石垣、天守閣を始めとした建造物の組み合わせは絶妙で、熊本県内を代表する桜の名所となっている。最盛期には夜間開園も実施され、多くの花見客でにぎわう。

梅雨のころの濡れた石垣もまた、趣き深い。より重厚感を増すような質感を感じさせる。石垣に生えた苔までも、生き生きとした様子だ。城内は舗装されておらず、見学するには不向きかもしれないが、雨の時期だからこそ見えてくる魅力もある。

いまでこそ緑豊かな場所として、市民の憩いの場ともなっている熊本城だが、明治以前は、樹木は決して多くなかった。築城後から江戸末期までの絵図でも、樹木数は少ない。絵図には現在も残っている楠の古木などは描かれていることから、省略してあるのではなく、実際に少なかったと考えられている。城は戦闘のための施設であり、樹木が茂っていると、攻めてくる敵の隠れる場所になることから少なかったという。築城時から残っていた古木や、籠城時の食料となる種類、それに城内の改修などに使うための杉、檜などは例外。

　したがって現在、茂っている樹木は明治期以降に生えたものがほとんど。楠や榎などは成長が早いこともあり、現在では風格を感じさせるほどの大きさになっている。すでに城の風景の一部になっていて、あたかも昔からあるかのような印象を与えている。しかし、石垣の上はもともと櫓や塀がめぐらされていたから、樹木が生える余地はなかった。建造物が取り壊された後、鳥などが種を運び、現在の緑の城が出来上がっている。また、「銀杏城」の異名でも知られる熊本城だが、意外にも古木は少ない。本丸にあるイチョウを除けば、他の樹木と同様にほとんどが明治以降に植えられたものだ。

秋から冬にかけては、空気の透明度が上がり、遠景やライトアップされた夜景が際立つ。とりわけライトアップされた城の建物は、昼間と違った立体感を持っている。行幸橋付近から坪井川に沿って上流へ進むと馬具櫓、飯田丸五階櫓、長塀と次々にライトアップされた建物が目に入ってくる。その先にはには大小天守閣も闇に浮かび上がる。

　国指定重要文化財の監物《けんもつ》櫓がある一帯は監物台と呼ばれるが、現在は九州森林管理局の監物台樹木園として知られている。九州に生息する樹木や花々が集められており、城内では異彩を放つ一角。季節ごとの移ろいもはっきりとわかる。園内には埋門《うずみもん》もあり、見学できる。

　このほか、城内の竹の丸には肥後六花園がある。季節ごとに肥後アサガオ、肥後シャクヤク、肥後ギク、肥後ショウブ、肥後サザンカ、肥後ツバキの六花が彩りを競い、伝承の花々の美しさを楽しめる。

92 桜と宇土櫓

93 天守前の桜

春休みの熊本城は、国内外からの観光客に加え、花見客でにぎわう。二の丸広場から頬当御門を抜け、天守閣へ。通路を直角に二度曲がると、左手に天守閣が見えてくる。通路わきには、見事な桜が一本、見ごろを迎えていた。

■は掲載写真の撮影地点

94 東竹の丸

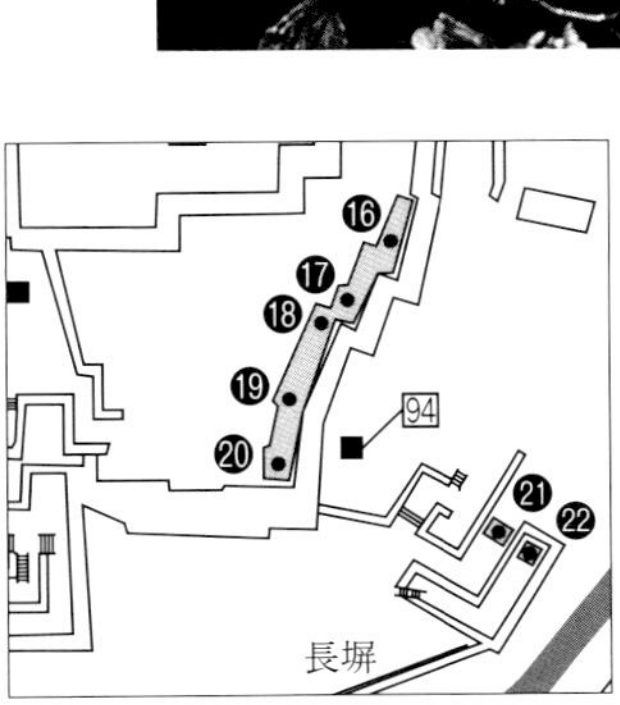

⑯源之進櫓
⑰四間櫓
⑱十四間櫓
⑲七間櫓
⑳田子櫓
㉑須戸口門
㉒平御櫓

■は掲載写真の撮影地点

東竹の丸は、天守閣前のにぎやかさに比べ、人影もまばらで、どこか落ち着いた雰囲気が漂う。春の日差しは意外に強く、逆光線に、枝いっぱいに咲いた桜の花が浮かび上がる。シルエットになった田子《たご》櫓をバックに、桜の花が美しいコントラストを作り出していた。

95 石垣に積もった桜の花びら

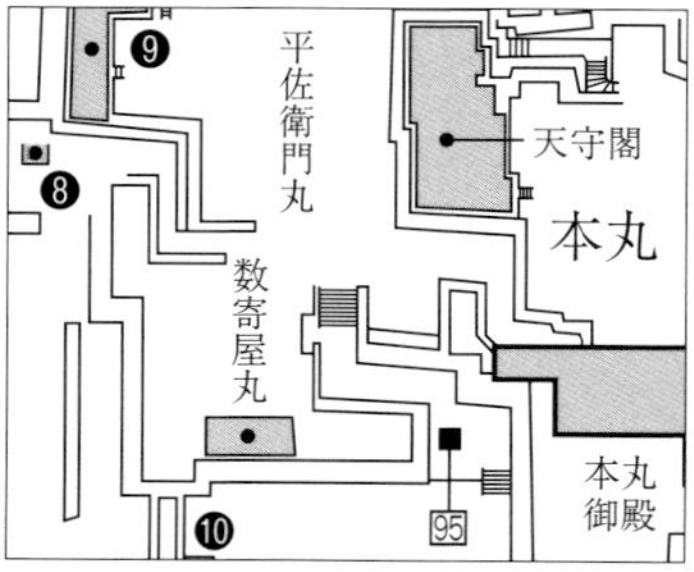

❽頬当御門
❾宇土櫓
❿西櫓門

■は掲載写真の撮影地点

熊本城飯田丸から数寄屋丸へ続く通路わきにある二本の桜。前日の雨と強い風のせいで散った花びらが、木の下をうっすらと雪化粧したかのように変えていた。ぬれた石垣にも花びらは積もっていた。石の間の段差に重なり、まるで縁取りされたよう。散ってからもなお、花の美しさを演出しているかに見えた。

96 百間石垣と山桜

97 百間石垣前の山桜

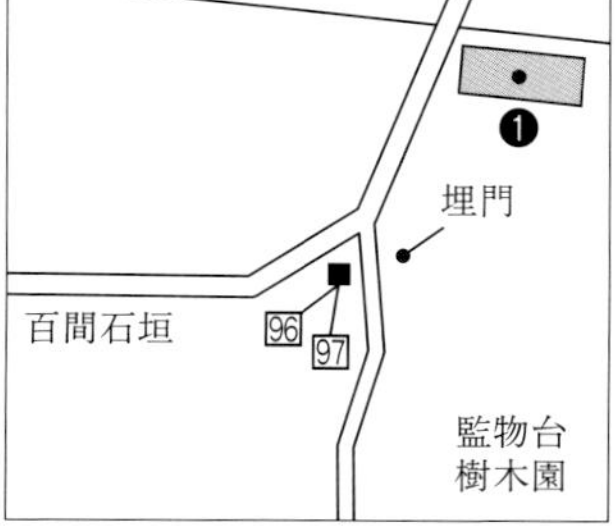

❶監物櫓

■は掲載写真の撮影地点

熊本城北側にある百間石垣。その名の通り、石垣が道路に面し、長く延びている。

その石垣の東側、城内を抜ける車道との三差路に、一本の桜が。ソメイヨシノよりも一足早く、白い花を咲かせる。

98 雨の行幸坂

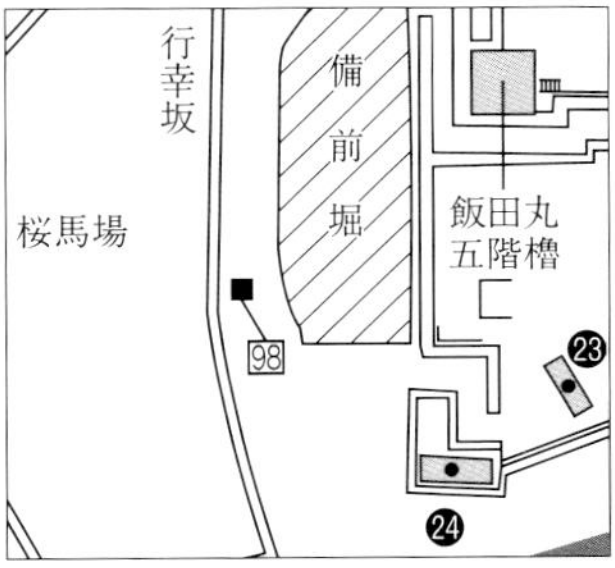

㉓櫨方門
㉔馬具櫓

■は掲載写真の撮影地点

本丸方面へ上る行幸坂の両わきには桜並木が続く。見ごろには、たくさんの花見客が行き交う。

あいにくの雨が、咲き誇った花をぬらす。花びらにはいくつもの水玉が付き、雨脚とともに次々に滴っていく。備前堀をはさんだ向こう側、白塀が雨にかすんで見えた。

99 雨雲

二の丸広場から西大手門へ向かう通路は、平日も観光客でにぎわう。ハングルで書かれた団体名を掲げたバスも目立つ。広場の東南角にある、二の丸由来記の碑。ここからは大小の天守閣や宇土櫓などが一望でき、記念写真を撮る人も多い。
強い南西風で、雲の動きが早い。黒い雨雲が天守閣の上を覆い、たちまち大粒の雨が降りだした。

100 備前掘

㉓櫨方門
㉔馬具櫓

■は掲載写真の撮影地点

熊本城飯田丸と行幸坂の間にある備前堀。空堀が多い熊本城の中で、数少ない水のある堀だ。ふだんは波もなく、行幸坂からながめると、水面に飯田丸五階櫓が逆さに映る。南国の梅雨らしい大粒の雨が、堀の水面をたたく。石垣近くでは、樹木に降った雨が葉の先に集まり、さらに大粒の水玉となって次々に落ちてくる。その音はまるで小太鼓をたたくようだった。

101 長塀

城内に降った雨は、地面に浸透するほか、排水路を通って城外の川などに流れ出る。強い雨が降ると、坪井川に面した長塀では、数カ所に設けられた排水口から竹の丸に降った雨水が勢いよく流れ落ちる。石垣伝いに流れる様子はまるで滝のよう。土手の地中にある配管を通じ、坪井川に流れていく。

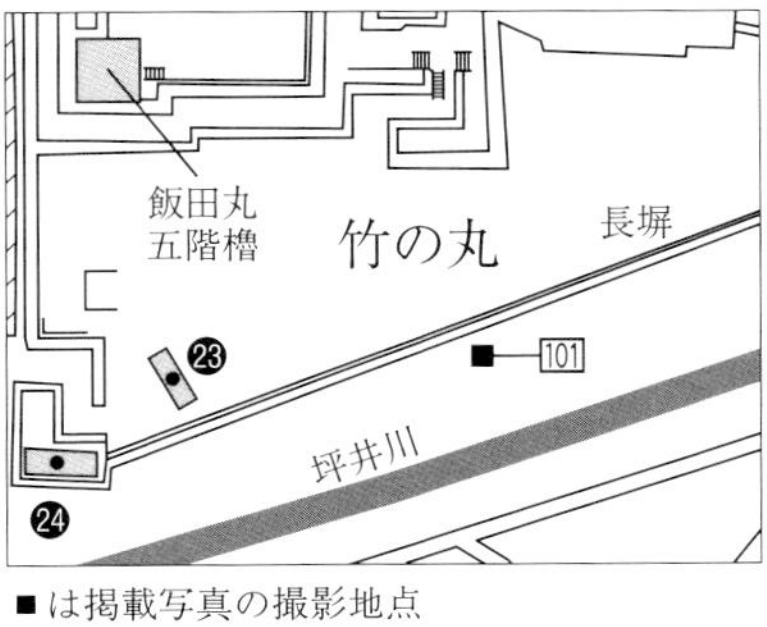

㉓櫨方門
㉔馬具櫓

■は掲載写真の撮影地点

102 長塀前のシロツメクサ

城南東側に延びる長塀。延長は二四二メートルで、現存する塀建築の遺構としては、日本一の長さを誇る。長塀と平行して流れる坪井川との間には土手があり、市民の散策の場としても親しまれている。土手一面には、クローバーとしても知られるシロツメクサが。初夏から初秋にかけ、レンゲに似た白い花が咲く。

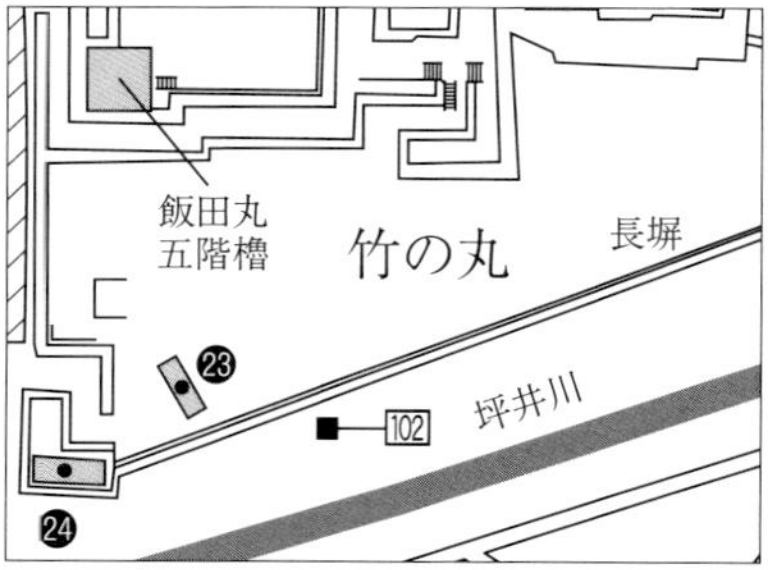

㉓櫨方門
㉔馬具櫓

■は掲載写真の撮影地点

103 濡れた百間石垣

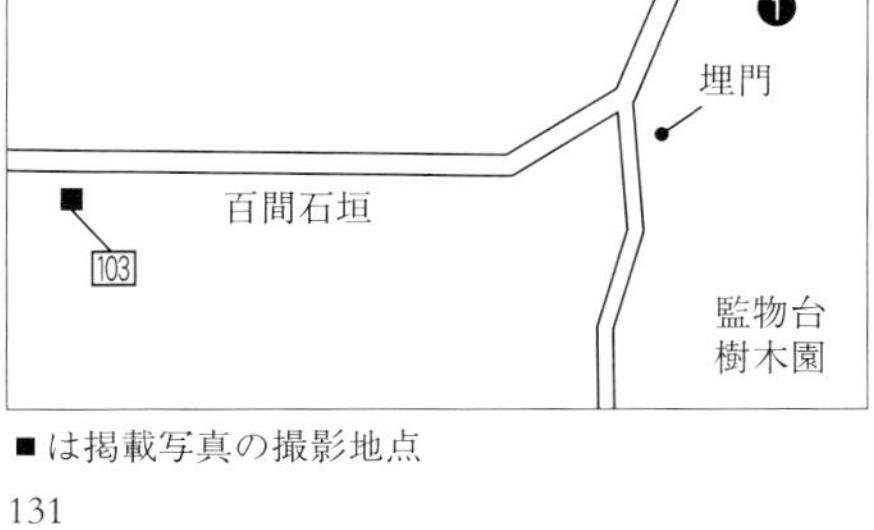

❶監物櫓

■は掲載写真の撮影地点

104 加藤神社北側の石垣

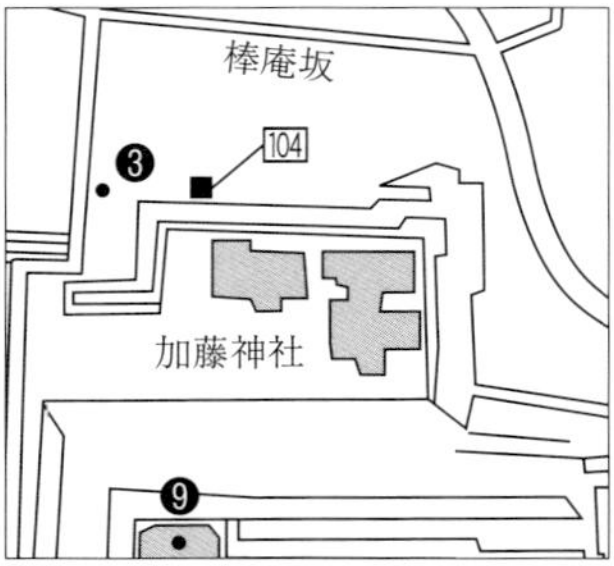

❸北大手櫓門跡
❾宇土櫓

■は掲載写真の撮影地点

105 雨の監物台

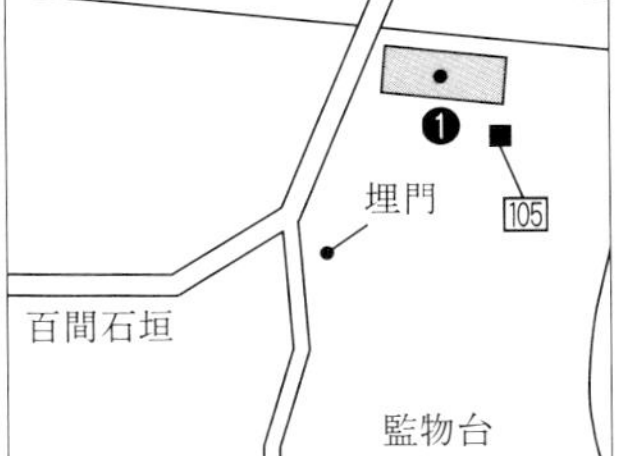

❶監物櫓

■は掲載写真の撮影地点

106 監物櫓の石垣

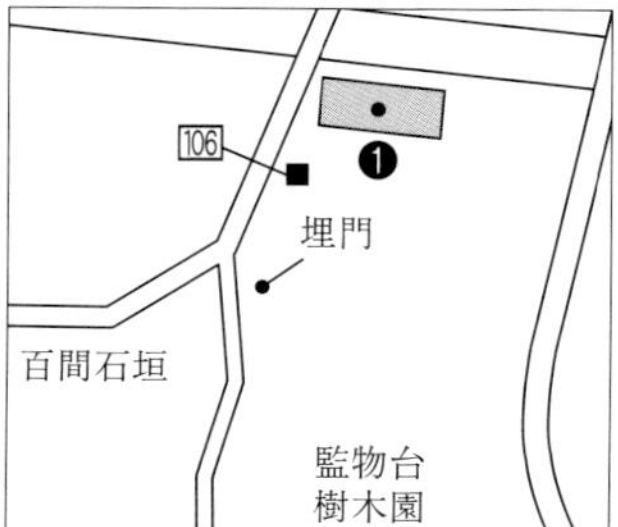

❶監物櫓

■は掲載写真の撮影地点

107 飯田丸の大楠

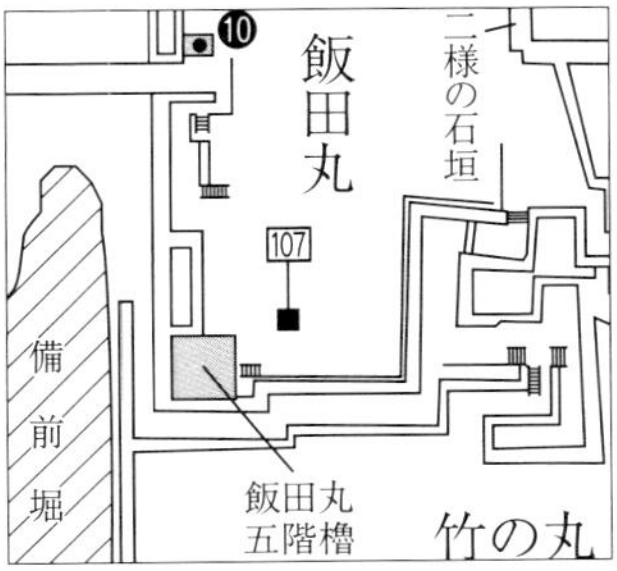

■は掲載写真の撮影地点

熊本市の復元整備計画により、城内は往時の姿を取り戻しつつある。復元された飯田丸五階櫓の前には、城内でも屈指の大楠がそびえている。

大楠は高さ約三〇メートル、幹回り約一〇メートルで、石垣からの高さが一四・三メートルの櫓よりも高い。樹齢は八〇〇年以上と見られ、熊本城が出来上がる前から、この場所に立っていたことになる。

108 備前堀の碧

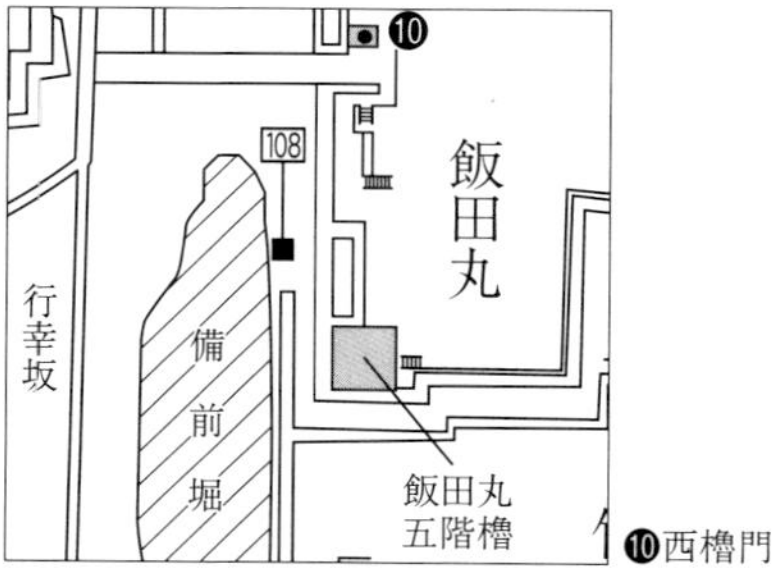

■は掲載写真の撮影地点

109 二の丸の大楠

熊本市民の憩いの場でもある二の丸広場。周囲には桜や楠、榎などの樹木が立ち並ぶ。広場中央北側にある一本の大楠。大きく広がった枝は心地よい木陰をつくり、座り込んでくつろぐ人の姿も多い。樹下には神風連の乱の「将士奮戦之跡」の碑が。今ののどかな雰囲気からは想像もつかないが、一帯では激しい戦いが繰り広げられたという。

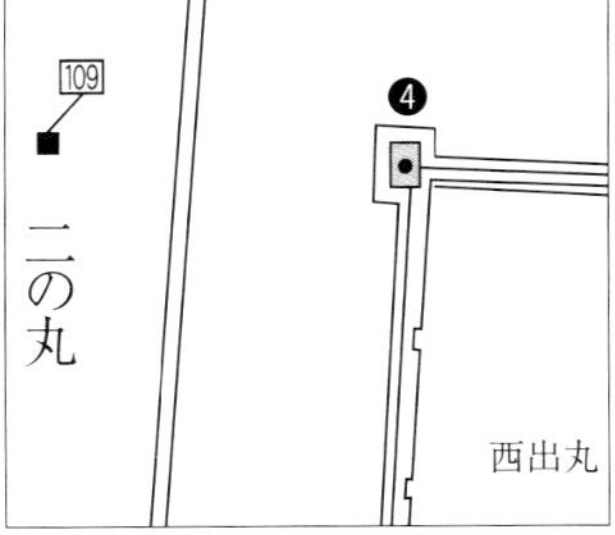

❹戌亥櫓

■は掲載写真の撮影地点

110 盛夏の東竹の丸

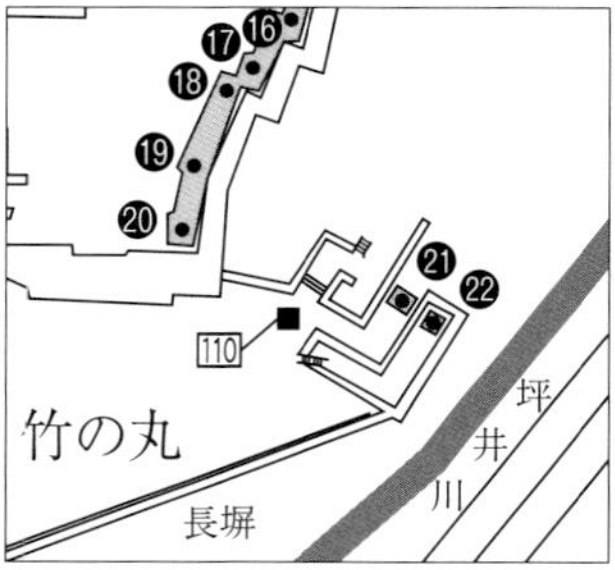

⓰源之進櫓
⓱四間櫓
⓲十四間櫓
⓳七間櫓
⓴田子櫓
㉑須戸口門
㉒平御櫓

■は掲載写真の撮影地点

111 東竹の丸の並木

東竹の丸は緑の多い区域。大小の樹木が緑陰を作っている。

江戸末期の絵図などを見ると、城内の樹木は現在よりかなり少なく、しかも杉や松などの針葉樹が多い。樹木があると視界が遮られ、敵が隠れる場所にもなるためらしい。針葉樹は建築材として使われたと考えられている。

現在、熊本城を覆う木々のほとんどは、明治時代以降、自然に生えたり植樹されたりしたものだという。

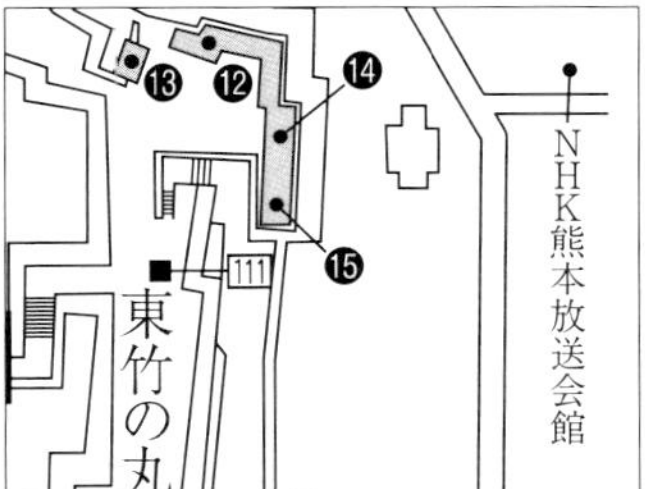

⓬五間櫓
⓭不開門
⓮北十八間櫓
⓯東十八間櫓
⓰源之進櫓

■は掲載写真の撮影地点

112 落ち葉の行幸坂

㉓櫨方門
㉔馬具櫓

■は掲載写真の撮影地点

113 埋門わきのイチョウ

「銀《ぎん》杏《なん》城」の異名もある熊本城だが、意外にイチョウの数は少ない。城内の樹木について近年の調査はないが、一九七六（昭和五一）年の調査結果によると、城全体で一七〇〇本余りの木があり、そのうちイチョウは二三本にすぎない。その後、植樹などで植えられ増えてはいるが、桜や楠などには及ばない。

城の北側、新堀橋から本丸方面へ向かう上り坂にあるイチョウの木も、明治以降に植えられた。

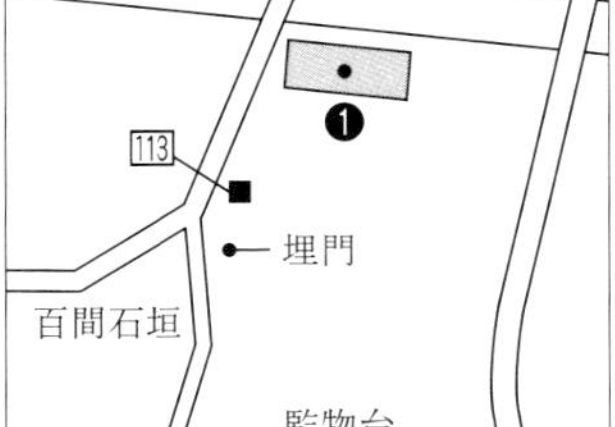

❶監物櫓

■は掲載写真の撮影地点

114 二の丸御門跡にあった榎

二の丸広場北側にある二の丸御門跡。今は三の丸とを結ぶ通路となっているが、桝形と呼ばれる直角に折れ曲がった様子が、門の名残をとどめる。

櫓門があった場所の石垣に、大きな榎が生えていた。石垣の間から幹がのびており、内側から石垣を圧迫しているようにも見えた。明治初期に門がなくなった後、自然に生えたものらしい。石垣は改修され、移植が難しいことから、榎は切られてしまった。

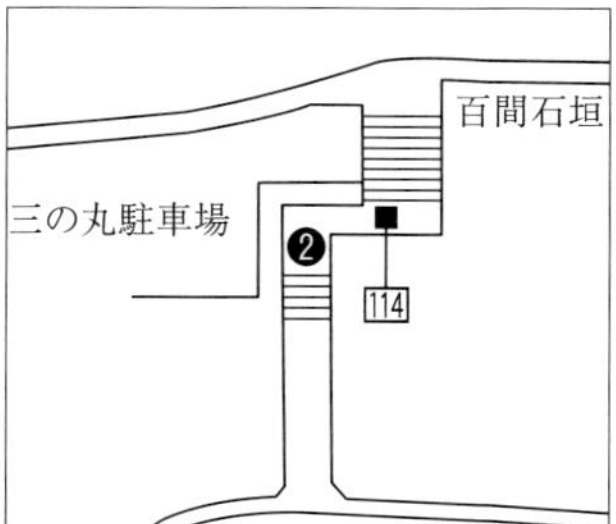

❷二の丸御門跡

■は掲載写真の撮影地点

115 天守閣から見た北西側一帯

❽頬当御門
❾宇土櫓
■は掲載写真の撮影地点

一九六〇(昭和三五)年に再建された大天守閣。最上階は展望台で四方が開けており、城一帯はもとより、市街地が一望できる。市街地と比べ城内の緑の多さが際立つ。宇土櫓がある北西側、加藤神社から監物台樹木園にかけては、一面の緑が広がる。一帯は江戸時代まで、櫨方役所や屋敷、北大手門などが立ち並んでいた。

116 監物台の白い彼岸花

117 秋の監物櫓

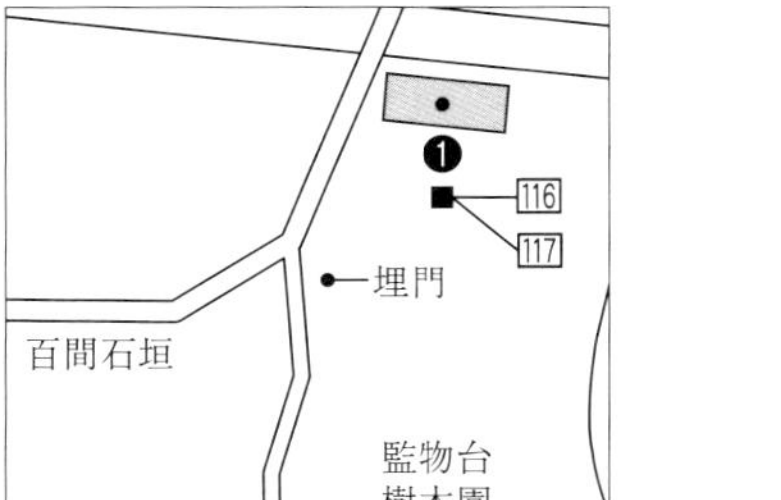

■は掲載写真の撮影地点

118 夕暮れの飯田丸

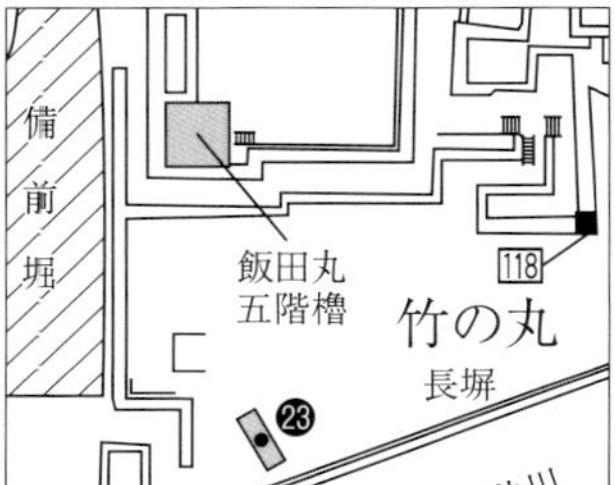

㉓櫨方門
㉔馬具櫓

■は掲載写真の撮影地点

閉園時間間近の竹の丸。人影もほとんどなく、ひっそりとした雰囲気に包まれる。

東竹の丸の西側、少し高台になった石垣からは、飯田丸五階櫓と、樹齢八〇〇年を超える楠の大木が見える。暮れなずむ西空に、シルエットになって浮かぶ様子は、まるで切り絵のようだった。

119 薄暮の天守閣

一九六〇（昭和三五）年に復元された熊本城天守閣。古い写真などから忠実に再現された雄姿は、以来、熊本のシンボルとなっている。平左衛門丸の南西側、石垣に背を付けるように下がると、大小の天守閣が並んで見える。薄暮の中、ライトアップが始まると、白壁と末広がりの破風《はふ》が白く浮かび上がった。

大天守内部は熊本市立熊本博物館の分館になっている。昭和五六年の同市役所新庁舎完成を記念して製作された城郭模型もあり、城の全体像をとらえるのに役立つ。

120 桜町から

熊本城の南側、桜町界隈からは、ビルの合間から天守閣などが見える。熊本市民会館から熊本交通センターにかけての歩道に立つと、大天守閣と飯田丸五階櫓が並んで見える。

二〇〇五（平成一七）年に完成した五階櫓は、他の城では天守閣に匹敵する大きさ。南からは小天守閣が見えないこともあり、遠くから見れば左にある五階櫓を小天守と間違いかねない。夜はなおさらだ。

121 照らし出された宇土櫓

秋の夕暮れ、宇土櫓にうっすらと照明が当たっていた。刻々と空は暗さを増し、黒に近づいていく。それに反比例して、ライトアップされた櫓は、少しずつ浮かび上がっていく。

最初は照らされていることが分からないほど。しかし、夜が迫って来るにつれ、昼間とは違う立体感を持ちながら、櫓はそびえ立っていた。

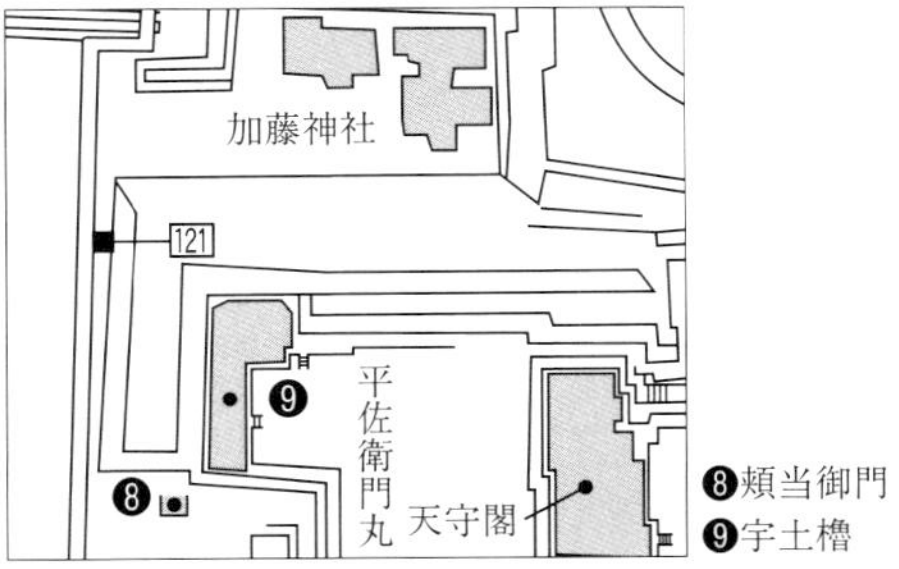

■は掲載写真の撮影地点

122 馬具櫓

行幸橋から行幸坂に続く城内へのメインルート。橋を渡り、すぐ右手にあるのが馬具櫓。ライトアップされ、春には夜桜の花見客でにぎわう。

同櫓は、坪井川沿いに延びる長塀の西端に当たり、一九六一（昭和四一）年に復元。大小の天守閣、長塀東端の平《ひら》御《おん》櫓と同じく、松崎吉次郎氏の寄付を元に造られた。馬具櫓のたもとには、坪井川にかかる下馬橋があった。城中に入る際、橋から先は馬を下りることになっていたという。明治三五年の行幸橋完成後、撤去された。

123 ライトアップされた長塀

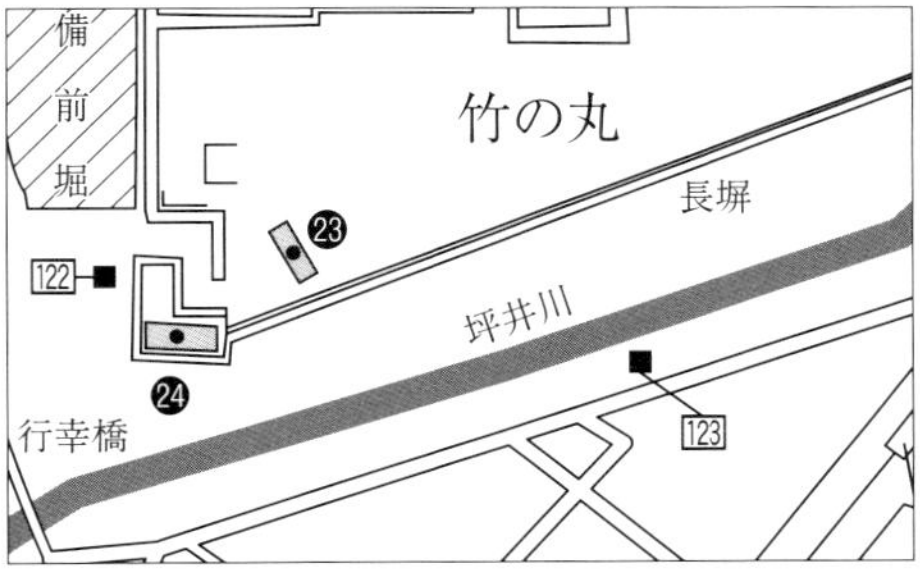

㉓櫨方門
㉔馬具櫓

■は掲載写真の撮影地点

坪井川右岸に延びる長塀。ライトアップはされているものの、照明が弱く、うっすらと浮かび上がる。目を凝らすと、長塀の上に覆い被さるように、楠などの樹木が茂っているのが分かる。多くは明治期以降に植えられたか自生したもの。ライトアップと合わせ、江戸時代には見ることができなかった景色でもある。

124 平御櫓ライトアップ

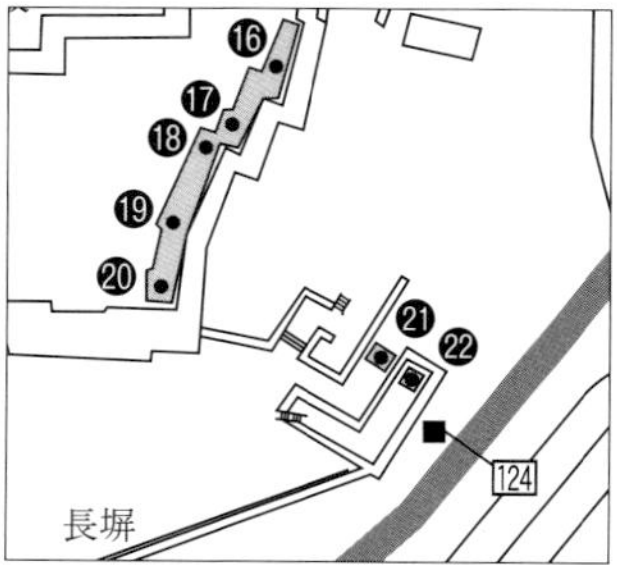

⑯源之進櫓
⑰四間櫓
⑱十四間櫓
⑲七間櫓
⑳田子櫓
㉑須戸口門
㉒平御櫓

■は掲載写真の撮影地点

125 金峰山頂から

熊本市西部にそびえる金峰山《きんぽう》。頂上の展望台からは熊本平野を一望することができる。

ビルが立ち並ぶ市街地の中で、熊本城を見つけるのは、意外に難しい。目を凝らすと東側にある緑の一角に、大小天守閣や宇土櫓を見つけられる。藤崎台県営野球場が目印の一つ。

夜は景色も一変する。空気が澄んだ日はキラキラと輝く夜景が楽しめる。位置関係を頭に入れて注視しなければ、城は昼以上に見つけにくい。暗くなった一帯に、天守閣などライトアップされた建物が浮かび上がっている。

熊本城関連年表

一四六七年ごろ（応仁年間）
出田秀信、茶臼山東端に千葉城を築城

一四九六年（明応五年）
鹿子木親員、茶臼山西南（現在の古城）に築城

一五五〇年（天文一九年）
大友宗麟によって隈本城落城。城親冬が城主に

一五八七年（天正一五年）
豊臣秀吉が佐々成政を肥後の領主とする
肥後国衆一揆が起きる

一五八八年（天正一六年）
佐々成政切腹。加藤清正が肥後国北半分の領主となり、隈本城に入城

一六〇〇年（慶長五年）
関ケ原の戦い。清正が肥後一国を与えられる

一六〇一年（慶長六年）
茶臼山に築城着手

一六〇七年（慶長一二年）
新城完成。「隈本」を「熊本」に改称

一六一一年（慶長一六年）
清正死去、加藤忠広が相続

一六一五年（元和元年）
一国一城令が発付

一六三二年（寛永九年）
忠広が改易となり、細川忠利が肥後五四万石領主に。熊本城入城

一六三七年（寛永一四年）
島原の乱

一七四九年（寛延二年）
櫨方会所を設置（現在の加藤神社）

一七五四年（宝暦四年）
二の丸に藩校「時習館」を開設

一八六七年（慶応三年）
大政奉還

一八七一年（明治四年）

一八七六年（明治九年）
廃藩置県により肥後藩が熊本県に。鎮西鎮台を熊本城内に設置
一八七七年（明治一〇年）
神風連の乱
一九二七年（昭和二年）
西南戦争で天守閣、本丸御殿等を焼失
一九三三年（昭和八年）
宇土櫓解体修理、長塀改築
一九五〇年（昭和二五年）
熊本城全域を史跡に、建造物を国宝に指定
一九五五年（昭和三〇年）
文化財保護法改正にともない国宝建造物が重要文化財に指定
一九六〇年（昭和三五年）
城跡が特別史跡に指定
一九六一年（昭和三六年）
大小天守閣が再建
一九六六年（昭和四一年）
平御櫓再建
一九八一年（昭和五六年）
馬具櫓が再建
一九八八年（昭和六三年）
西大手櫓門が復元
一九八九年（平成元年）
埋門を冠木門形式で修復
一九九一年（平成三年）
数寄屋丸二階御広間復元
一九九三年（平成五年）
台風19号で被害を受け、天守閣、長塀を大改修
一九九八年（平成一〇年）
旧細川刑部邸を三の丸に移築復元
二〇〇二年（平成一四年）
復元整備事業始まる
二〇〇四年（平成一六年）
南大手櫓門復元
二〇〇五年（平成一七年）
戌亥櫓、未申櫓、元太鼓櫓復元
二〇〇七年（平成一九年）
飯田丸五階櫓復元
二〇〇八年（平成二〇年）
築城四〇〇年
本丸御殿復元

あとがき

熊本城はモノクローム写真に向いた被写体だと、ずいぶん前から思っていました。少なくとも今から二〇年ほど前、まだ東京の大学で写真学生だったころには、すでにそうでした。大学二年の夏に帰省した際、大判カメラで撮った熊本城の石垣（たぶん東竹の丸）のモノクロのネガが、今も実家にはあるはずです。それらの写真はまとまった形になることはなかったのですが、石垣の存在感と向き合うことに苦闘したのは覚えています。

築城四〇〇年を翌年に控えた二〇〇六（平成一八）年の秋ごろから、熊本城をモチーフにした写真企画をしようという声が、だれからともなく所属する写真部の中で出てきました。そんな中、私はモノクロで熊本城を切り取る企画を提案しました。その年、夕刊一面で外部写真家を起用した人物ものの年間写真企画をしていて、その後にと考えたのです。「年間を通してできるのか」という声もありましたが、最終的には「やってみる価値はある」との判断でゴーサインが出ました。

いざモノクロで企画をやることになって最初に直面したのは、使用する機材をフィルムとデジタルのどちらにするかという問題です。新聞社の写真は現在、ほぼ百パーセントがデジタルカメラで撮影されたもので、以前の写真も、使用する際はデジタルデータ化しています。ですが、モノクロ写真については、焼きこみや覆い焼きなど暗室でのプリント作業を経た写真の方がよいものになると思っていました。一方で、新型のデジタルカメラの中には、モノクロ撮影機能を備えたものもあります。とりあえず、フィルムとデジタルの両方を持って城へ通い始めました。

　結果から先に言えば、この本に載っているすべての写真はデジタルカメラで撮影したものです。暗室に数時間こもることと比較しての作業効率に加え、デジタルカメラのモノクロ機能が予想以上に良かったこと、そして暗室感覚で操作できる画像処理ソフトを見つけたことが大きな理由です。画像補正は暗室でできる範囲に限定しました。

　撮影に関しては、これといった大きなトラブルはありませんでした。光線が良くなるのを待って一日中、同じ石垣の前にいるなど、むしろ、時間に追われる新聞社の写真記者としては、ぜいたくをさせてもらったと感じています。ただ、撮影時期がちょうど本丸御殿復元工事と重なった上、最後は天守閣の改修工事も始まってしまい、この二つの工事を画面に入れ込ませないようにするのには気を使いました。

　一年あまりの取材を経て思うのは、「まだまだ撮り足りない」という思いです。この城の持つ魅力は、この本で紹介しきれるほどのものではありません。この本をきっかけに、熊本城をもっと深く知りたい、さまざまな場所を訪ねてみたいと感じていただければ、何よりうれしく思います。

　この取材を支えてくれた写真部の同僚、そして多くのアドバイスをいただいた熊本城総合事務所整備振興室の津曲俊博室長と西川公夫技術主幹には、重ねて御礼を申し上げます。

　最後になりましたが、この本の製作にご尽力いただき、地方紙の連載に県外の方々にも広く見てもらえる機会を与えて下さった弦書房の三原浩良代表、小野静男編集長に深く感謝いたします。

二〇〇八年春

熊本日日新聞社編集局　内田秀夫

〈参考文献〉

『名城を歩く10熊本城』ＰＨＰ研究所、平成一五年
『図説「城造り」のすべて』三浦正幸監修、学習研究社、二〇〇六年
『週刊名城をゆく8熊本城』小学館、二〇〇四年
「熊本城城郭模型製作記録」熊本市、昭和五六年
「発掘された本丸御殿」展示パンフレット、熊本市、平成一九年
『熊本の城』鈴木喬編著、熊本日日新聞社、昭和五〇年

撮影者略歴

内田秀夫（うちだ・ひでお）

一九六七年熊本県植木町生まれ。

一九九〇年日本大学芸術学部写真学科卒業。在学中写真家・三木淳氏に師事。同年熊本日日新聞社入社。写真部、球磨支局長などを経て、現在編集本部所属。

一九九七年写真企画「またあした～筋ジストロフィーと生きる」で日本新聞協会賞受賞。

二〇〇七年「モノクローム の熊本城」連載。

熊本城《くまもとじょう》のかたち《石垣《いしがき》から天守閣《てんしゅかく》まで》

二〇〇八年四月一〇日発行

著　者　熊本日日新聞社編集局©

発行者　小野静男

発行所　弦　書　房

（〒810・0041）

福岡市中央区大名二―二―四三

ELK大名ビル三〇一

電　話　〇九二・七二六・九八八五

FAX　〇九二・七二六・九八八六

印刷　九州電算株式会社

製本　篠原製本株式会社

落丁・乱丁の本はお取り替えします。

ISBN 978-4-86329-000-6 C0072

◆弦書房の本

幻炎

島田真祐　熊本城を焼き捨てよ！　清正公没後改易の噂が走る肥後藩。相次ぐ筆頭家老襲撃は恨みからの復讐か、公儀の加藤家とり潰しの陰謀か。渦中で翻弄される若き3人の剣士の運命を活写した歴史小説。【四六判・並製　272頁】1995円

新《トピックスで読む》熊本の歴史

岩本税・島津義昭・水野公寿・柳田快明　熊本の歴史を知るための基本200のトピックス。新資料や遺跡の発掘によって近年新たに判明したことも併せて、従来とは異なる解釈と視点で描く。【A5判・並製　380頁】2520円

不知火海と琉球弧

江口司　不知火海沿岸から沖縄、八重山、奄美まで、現地を歩き船に乗り、写真を撮り続けてきた著者が、海と人とが紡ぐ民俗世界に分け入り、ペンとカメラで描き出す探索行。▼第29回熊日出版文化賞受賞　【A5判・並製　256頁】2310円

天草潮風紀行

小林健浩　生まれ育った天草を撮り続けて11年。天草全島の四季折々の魅力を、海、里、祭、子ども、花、彩りの7つの分野別に約180点のカラー写真で紹介する写真紀行。写真1点ごとに撮影位置図を掲載。【A5判・並製　160頁】1995円

地底《じそこ》の声　三池炭鉱写真誌

高木尚雄　三池炭鉱を撮り続けて半世紀。唯一人坑内での撮影を許されていた著者が、愛惜を込めて227点のモノクロ写真で綴る三池への挽歌。▼第25回熊日出版文化賞受賞　【菊判・並製　268頁】2625円

有明海の記憶

池上康稔　有明、母なる海よ——昭和30～40年代の有明海沿岸の風物とそこに暮らす人々の喜怒哀楽を活写したモノクロ写真集。松永伍一氏の序文「有明海讃歌」を収録。【菊判・並製　176頁】2100円

豊後街道を行く

松尾卓次　勝海舟も坂本龍馬も駆け抜けた！　加藤清正が開いた熊本城～豊後鶴崎間124kmの豊後街道。「街道歩きの達人」が全ルートを踏破して歴史の往還を案内。写真と地図付きでガイドにも最適。【A5判・並製　144頁】1785円

＊表示価格は税込